W0473417

Anja Steinkamp

Pfiffige Rennmäuse

Kosmos

Rennmäuse machen nicht viel Mühe, sie riechen nicht und statt Kämmen und Bürsten ist das tägliche Sandbad angesagt.

Nur in der Gruppe fühlen sich Rennmäuse wohl. Und Sie werden begeistert sein, was es dann alles zu beobachten gibt.

Inhalt

Biologie und Heimat
SIEGESZUG DER FLINKEN FLITZER 4

Rennmäuse sind keine Mäuse 5
Die Mongolische Rennmaus 6
Geschichtliches 7
Verwandte 8
Die Persische Wüstenmaus 8
Echte Gerbils 9
Exoten 9

Zubehör und Kauf
RENNMÄUSE ZIEHEN EIN 10

Traumvilla für Rennmäuse 10
Gitterkäfige 12
Terrarien und Aquarien 14
Eigenbau 16
Käfigstandort 17
Einstreu 18
Nistmaterial 22
Näpfe und Tränken 22
Möblierung 24
Sandbad 26
Phantasie ist gefragt 26
Kauf 28
Heimreise 29
Niemals ein Einzeltier 29
Im neuen Heim 30

Richtig füttern
TISCHLEIN DECK DICH 32

Trocken- und Körnerfutter 23
Saftfutter 33
Wasser 34
Leckere Knabbereien 34
Tierisches Protein 35
Vitamine und Mineralien 35

Pflege und Gesundheitsvorsorge
FIT UND GESUND VON DER NASEN- BIS ZUR SCHWANZSPITZE 36

Fellpflege 37
Zähne und Krallen 37
Käfighygiene 38
Urlaub 38
Krankheiten 38
Infektionskrankheiten 39
Parasiten 40
Verletzungen 40
Gebissprobleme 41
Stress 41
Tierarztbesuch 41

Verhalten und Bedürfnisse
AUCH RENNMÄUSE HABEN ANSPRÜCHE 42

Hochheben und Tragen 42
Beschäftigung 44
Freilauf 45
Ausreißer 46
Kinder und Rennmäuse 47
Biologisches 48
Verhalten 49
Fremde Rennmäuse 50
Singles 53
Rennmäuse und andere Heimtiere 53

Zucht und Farbvarianten
NACHWUCHS BEI DEN RENNMÄUSEN 55

Voraussetzungen für die Zucht 53
Von der Paarung bis zur Geburt 53
Aufzucht 54
Geschlechtsbestimmung 58
Farbvarianten 58

Neugierig auf Rennmäuse? Viel Spaß bei der Entdeckungstour durch dieses Buch!

Literatur, Adressen 60
Register 61
Impressum 62

Extra

SCHÖNER WOHNEN – GESTALTUNGSIDEEN FÜR DAS RENNMAUSHEIM 63

TIERPASS 64

Biologie und Heimat

Siegeszug der flinken Flitzer

Eine Erfolgsstory aus dem Osten: Mäuse, die keine Mäuse sind, haben in den letzten Jahren die Herzen vieler Menschen im Sturm erobert.

RENNMAUS-SYSTEMATIK

Ordnung:
Rodentia (Nagetiere)

Unterordnung:
Myomorpha (Mäuseverwandte)

Familie:
Cricetidae (Wühler)

Unterfamilie:
Gerbillinae (Rennmäuse)

Rennmäuse sind in den letzten Jahren als Heimtiere immer beliebter geworden. Dennoch gibt es in den Zoofachgeschäften verhältnismäßig wenige spezielle Futtersorten, Käfige oder anderes Zubehör zu kaufen, welches genau auf die Bedürfnisse dieser Tiere abgestimmt ist. Rennmausbesitzer müssen sich daher recht gut mit den Tieren auskennen, um aus dem großen Sortiment für andere Nager

Typisch Rennmaus: Auf den Hinterbeinen stehend neugierig die Umgebung beobachten.

Rennmäuse sind gesellige Tiere. Halten Sie mindestens zwei von ihnen – dann schmeckt nicht nur das Futter doppelt gut.

das Richtige auszuwählen. Dieses Buch hilft dem Anfänger Fehler zu vermeiden und kann auch dem fortgeschrittenen Rennmausfreund neue Anregungen für eine artgerechte Tierhaltung geben.

RENNMÄUSE SIND KEINE MÄUSE

Was den Namen betrifft, so sind Rennmäuse kleine Hochstapler, denn sie sind tatsächlich gar keine Mäuse. Laut zoologischer Systematik gehören Mäuse einer ganz anderen biologischen Familie an.
Rennmäuse sind mit den Hamstern, sowohl unserem Feldhamster als auch dem Goldhamster, sogar näher verwandt als mit den echten Mäusen.
Bei den Tieren, die in den Zoofachgeschäften angeboten werden, handelt es

In ihrem Herkunftsgebiet, der Mongolei, bewohnen die Rennmäuse weites, offenes Gelände, das sie auf der Suche nach Nahrung durchstreifen.

sich meistens um die Mongolische Rennmaus. Zur Unterfamilie der Rennmäuse gehören weitere Rennmausarten, insgesamt mehr als zehn Gattungen mit über 160 Arten.

DIE MONGOLISCHE RENNMAUS

Die Mongolische Rennmaus heißt wissenschaftlich *Meriones unguiculatus* und gehört somit zur Gattung Meriones. Als echte Gerbils bezeichnet man die Tiere, deren wissenschaftlicher Name mit Gerbillus beginnt und die somit zur Gattung Gerbillus gehören. Aber auch für alle anderen Rennmäuse wird der Name Gerbil immer häufiger benutzt. Da die Mongolische Rennmaus die mit Abstand am häufigsten als Heimtier gehaltene Rennmaus ist, beziehen sich alle Angaben in diesem Buch auf diese Art, sofern nicht ausdrücklich auf eine andere Art hingewiesen wird.

Aus dem fernen Osten

Die Mongolische Rennmaus stammt aus den Trockensteppen und Halbwüsten Zentralasiens. Als sogenannter Kulturfolger bewohnt sie aber auch Flächen, die der Mensch für die Landwirtschaft nutzt. Sie lebt dort in Kolonien.

Familienbande

Alle Mitglieder der Kolonie sind miteinander verwandt. Meistens setzt sich eine Rennmauskolonie aus einem Elternpaar und seinen Nachkommen zusammen.

Fremde Rennmäuse werden aus dem eigenen Territorium mit großer Aggressivität vertrieben. Die Mitglieder der Sippe erkennen sich übrigens am Geruch. Auch das Revier wird mit Düften markiert, durch Kot, Urin und Drüsensekret.
In der Wildbahn bewohnen die Tiere ein unterirdisches Tunnelsystem, das bis zu 1,5 m tief sein kann. Zu einem solchen Tunnelsystem gehören auch Schlaf- und Vorratskammern. Diese sind besonders wichtig, wenn die Tiere ihr Heim nicht verlassen können, z. B. bei großer Kälte. Einen Winterschlaf halten die Rennmäuse nicht.
Die wilden Rennmäuse ernähren sich von verschiedenen Samen, Blättern und Wurzeln. Sie trinken nur selten.

Bewegtes Leben

Rennmäuse sind tag- und nachtaktiv. Das heißt natürlich nicht, dass sie 24 Stunden am Tag aktiv sind. Zwischendurch halten sie immer wieder ein Schläfchen. Sie haben allerdings keinen festen Lebensrhythmus, der streng zwischen Tag und Nacht unterscheidet.

GESCHICHTLICHES

Nach übereinstimmenden Literaturangaben stammen alle heute als Haus- und Labortiere gehaltenen Rennmäuse von wenigen Tieren ab, die 1935 in der Ostmongolei und der Mandschurei gefangen wurden. Die Nachkommen dieser Tiere wurden in verschiedenen Forschungslaboren gezüchtet und gelangten schließlich über Amerika auch nach Europa.
Wir Menschen sind den Rennmäusen zu besonderem Dank verpflichtet, da viele im Dienst der medizinischen Forschung - vor allem auf den Gebieten der Parasitologie und der Neurologie - ihr Leben lassen mussten. Ein Schicksal, das sie mit vielen anderen Kleinnagern teilen.

Bekannt und beliebt

In früheren Zeiten wurden die Tiere oftmals unter irreführendem Namen und mit recht vagen Pflegehinweisen abgegeben. Doch heute ist die Fangemeinde dieser Tiere schon sehr groß, und entsprechend umfangreich und vielseitig sind auch die Erfahrungen mit der Rennmaus als Haustier. An den Erfahrungen

Afrikanische Verwandtschaft: Die Libysche Rennmaus lebt in den Sandwüsten der nördlichen Sahara.

aus der Laborhaltung brauchen wir uns heute nicht mehr ausschließlich zu orientieren. Schließlich sollte es ja auch nicht um eine effiziente standardisierte Haltung gehen. Viel wichtiger ist es, der Rennmaus in unserer Obhut ein möglichst artgerechtes Leben zu ermöglichen, das sich an der natürlichen Lebensweise dieser Tiere orientiert. Hierzu soll Ihnen dieses Buch einige hilfreiche Tipps geben.

VERWANDTE

Wie schon erwähnt gibt es sehr viele verschiedene Rennmausarten. Die Mongolische Rennmaus hat jedoch die meisten anderen Arten aus dem Handel verdrängt. Über die anderen Arten gibt es zum Teil nur wenig Literatur oder andere Informationsquellen, die dem Laien zur Verfügung stehen.
Ein Anfänger in der Rennmaushaltung sollte daher auf jeden Fall Mongolische Rennmäuse wählen.

DIE PERSISCHE WÜSTENMAUS

Die Persische Wüstenmaus (*Meriones persicus*), die nicht nur im Iran, sondern z. B. auch in der Türkei, Afghanistan und Turkmenistan beheimatet ist, wird größer als die Mongolische Rennmaus. Die Körperlänge beträgt etwa 11 bis 13 cm, die Schwanzlänge ca. 10 cm. Als Hauptfutter gibt man diesen Tieren eine etwas gröbere Mischung z. B. aus Hafer, Gerste und Sonnenblumenkernen. Persische Wüstenmäuse sind Allesfresser. Neben Trocken- und Frischfutter, z. B. Karotten und Rüben, fressen sie gelegentlich auch gerne einmal eine Insektenlarve. Geeignet sind vor allem Mehlwürmer, da diese im Zoofachhandel leicht erhältlich sind. Auch selbst gefangene Insektenlarven können gegeben werden. Hier ist jedoch ein gewisses Infektionsrisiko vorhanden.
In einigen Verhaltens- und Lebensweisen unterscheidet sich die Persische Wüstenmaus von der Mongolischen Rennmaus. Diese größere Art ist vorwiegend dämmerungsaktiv. Außerdem legen sich diese Tiere Vorräte aus kleingebissenem Futter an. Auch die Persische Wüstenmaus lebt in Kolonien. Gehalten werden sollten diese Tiere daher als Paar oder in kleinen Gruppen. Ihre Größe und Beweglichkeit erfordert einen etwas größeren Käfig.
Die Lebenserwartung der Persischen Wüstenmaus beträgt etwa fünf bis sechs Jahre.

Kleine Ägyptische Rennmaus.

ECHTE GERBILS

Die Arten der echten Gerbils sind von Nordafrika bis in den Mittleren Osten hinein verbreitet.
Als Beispiel für echte Gerbils sollen hier der Kleine Ägyptische Gerbil (*Gerbillus gerbillus*) und der Große Ägyptische Gerbil (*Gerbillus pyramidum*) genannt werden.
Beide Arten wurden und werden genau wie die Mongolische Rennmaus als Labortiere gehalten und fanden ebenso den Weg in die Heimtierhaltung. Die kleinere dieser beiden Arten ist jedoch weniger aggressiv und eignet sich daher besser als Heimtier.

Der Name dieser Tiere ist irreführend. Ihre Heimat ist nicht nur Ägypten. Natürliche Vorkommen gibt es z. B. ebenfalls in Israel, Libyen, Mali, Sudan, Tschad und in Uganda.

EXOTEN

Auch ein Exot unter den Rennmäusen soll noch kurz vorgestellt werden. Die Fettschwanzrennmaus (*Pachyuromys duprasis*), die ihrem Namen wirklich alle Ehre macht. Sie hat die Fähigkeit, in ihrem Schwanz Fettreserven anzulegen. Dieser sieht dann etwas unförmig und für manchen Betrachter unattraktiv aus. Mit ihrem koboldhaften Gesicht und dem seidigen Fell haben diese Tiere aber ihren ganz eigenen Charme.

Unzählige Arten

Die Zahl der verschiedenen Rennmausarten scheint fast unendlich. Viele werden von Liebhabern überall in der Welt als Haustiere gehalten. Die Haltung solcher Exoten ist sicher sehr reizvoll und interessant. Vor der Anschaffung sollte man sich jedoch zunächst umfassend über die artgerechte Haltung und Ernährung informieren. Literatur über diese Tiere ist recht selten. Empfehlenswert ist daher die Kontaktaufnahme mit anderen Tierhaltern, z. B. über das Internet.

Die Persische Rennmaus – etwas größer als die Mongolische.

Praktische Transportbox, auch zur Unterbringung während der Käfigreinigung gut geeignet.

Zubehör und Kauf

Rennmäuse ziehen ein

Rennmäuse wollen nicht nur rennen! Scharren, graben, Futter suchen, neugierig Ausschau halten und vor allem niemals alleine sein – dann fühlen sie sich rundum wohl.

Kaufen Sie niemals Heimtiere, egal ob Rennmäuse oder andere, unbedacht aus einer Laune heraus. Bevor die Tiere ins Haus kommen, sollte möglichst schon die komplette Ausstattung vorhanden sein. Ein vorläufiges und womöglich weniger artgerechtes Zuhause, welches dann bald wieder durch ein anderes ersetzt wird, erschwert die Eingewöhnung und birgt viele Gefahren.

TRAUMVILLA FÜR RENNMÄUSE

Bei der Wahl des neuen Zuhauses für Ihre Rennmäuse müssen die Eigenarten und Bedürfnisse der Tiere selbstverständlich ausschlaggebend sein. Der Geldbeutel, das Platzangebot in der Wohnung usw. sind zwar ebenfalls wichtige Kriterien, sollten aber nicht dazu führen, dass die Tiere in

Heu in kleine Schnipsel zerlegen – beliebtes Nagetraining für Rennmäuse.

einem ungeeigneten Käfig untergebracht werden. Rennmäuse sind extrem nagefreudig, sie graben und scharren gerne und haben einen großen Bewegungsdrang. Das alles muss bei der Käfigwahl berücksichtigt werden.

In einer großen Sippe fühlen sich Rennmäuse am wohlsten.

GITTERKÄFIGE

Da die Tiere so stark nagen, sind Gitterkäfige nur begrenzt zu empfehlen. Das Benagen der Gitterstäbe kann unter Umständen zur monotonen Hauptbeschäftigung der Tiere werden. Ein solches Verhalten kann für Mensch und Tier problematisch werden. Die Rennmäuse zeigen auf Dauer ein verkümmertes Verhaltensspektrum, der Mensch empfindet die starke Geräuschkulisse als nervenaufreibend. Um die Rennmäuse vom Benagen der Käfigstäbe abzuhalten, muss immer genügend anderes Nagematerial zur Verfügung stehen. Artgerechte Beschäftigung und

DAS IDEALE RENNMAUSHEIM

Grundfläche
Rennmäuse rennen wirklich viel und gerne. Daher gilt, dass der Käfig niemals zu groß sein kann. Eine Käfiggrundfläche von etwa 1800 cm², das sind z.B. 30 cm x 60 cm, ist für zwei Rennmäuse akzeptabel. Will man eine kleine Rennmaussippe halten, sollte der Käfig schon etwas größer sein, z.B. 3200 cm² (z.B. 40 cm x 80 cm) oder besser 4000 cm² (z.B. 40 cm x 100 cm).

Höhe
Die Höhe des Käfigs sollte es ermöglichen, eine hohe Schicht Einstreu und einige Einrichtungsgegenstände unterzubringen. Außerdem müssen sich die Tiere natürlich aufrichten und auch springen können.

Die genannten Maße sind übrigens gängige Aquarien- und Terrariengrößen.

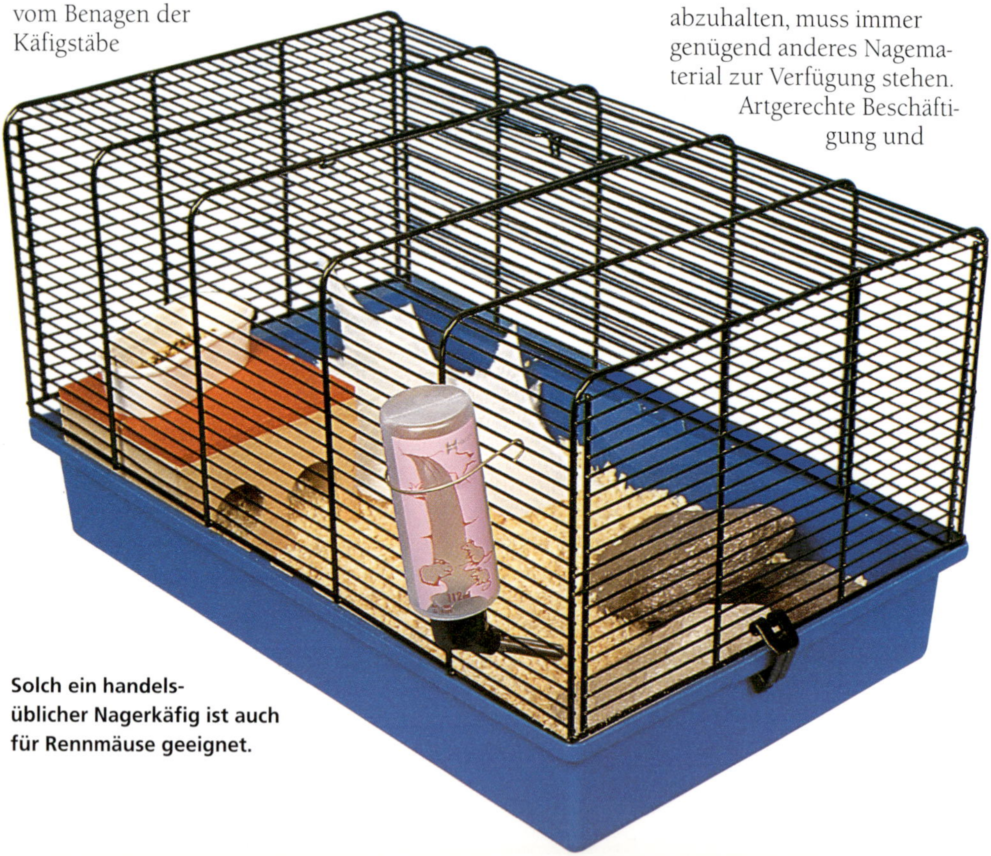

Solch ein handelsüblicher Nagerkäfig ist auch für Rennmäuse geeignet.

Zur artgerechten Haltung gehört eine vielseitige Ernährung. Doch Achtung: Auch Rennmäuse werden zu dick, wenn sie wie im Schlaraffenland leben.

ausreichend Bewegungsmöglichkeiten sollten ebenfalls selbstverständlich sein.

Gitterabstand

Wichtig bei der Verwendung von Gitterkäfigen ist aber vor allem, dass die Streben sehr eng stehen. Andernfalls könnten sich die Tiere hindurchzwängen. Dies gilt natürlich besonders für Jungtiere, aber auch für erwachsene Exemplare, die sich durch erstaunlich enge Zwischenräume „quetschen" können.
Käfige für Mäuse, Goldhamster oder Zwerghamster haben im Allgemeinen genau den richtigen Abstand zwischen den Gitterstäben. Leider sind diese Käfige meistens recht klein, zumindest in der Grundfläche. Bei Mäusen und Hamstern kann man dieses durch eine zweite Etage und viele Klettermöglichkeiten etwas ausgleichen. Die Rennmäuse als naturgemäß rein bodenbewohnende Tiere klettern jedoch weniger und brauchen deshalb eine möglichst große Grundfläche.

TIPP: Vorsicht ist an den Türen der Gitterkäfige geboten. Hier ist der Abstand zu den Gitterstäben oft deutlich größer – groß genug für eine Rennmaus, um sich dort hindurchzuzwängen!

Nachteile

Der starke Nagetrieb der Tiere führt dazu, dass sie nicht nur die Käfigstangen, sondern auch die Kunststoffunterschale benagen, wo immer sie einen Ansatzpunkt finden können. Gitterkäfige sollten daher sehr regelmäßig auf Nageschäden kontrolliert werden. Durch den starken Bewegungsdrang und vor allem das ausgiebige Buddeln und Graben der Tiere wird außerdem Einstreu aus dem Käfig hinausbefördert. Ein hoher Rand an der Bodenschale verhindert dies und ist daher sehr praktisch.

TERRARIEN UND AQUARIEN

Die Haltung in einem Heim aus Glas bringt für die Rennmäuse und den Halter einige Vorteile:
Die Einstreu bleibt im Käfig und wird nicht in der halben Wohnung verteilt. Außerdem bietet die glatte, harte Glasoberfläche keinen Ansatzpunkt zum Benagen.

Terrarien

Terrarien sind aufgrund der guten Durchlüftung das ideale Heim für Rennmäuse. Es ist allerdings zu beachten, dass manche Terrarien Bauteile haben, die von den Nagezähnen der Tiere in Mitleidenschaft gezogen werden können, z.B. die Kunststoffschienen der Schiebetüren und die Lüftungsöffnungen. Daher sollten auch Terrarien regelmäßig auf Beschädigungen untersucht werden. Leider sind Terrarien zudem recht teuer. Vielleicht haben Sie ja Glück und können ein gebrauchtes günstig kaufen.

Aquarien

Eine preiswerte Alternative zu Terrarien sind Aquarien. Oft werden gebrauchte Aquarien übrigens sehr preiswert angeboten. Ein Blick in ein Anzeigenblättchen kann sich hier ungemein lohnen. Für die Rennmaushaltung eignet sich auch ein Aquarium, das nicht mehr wasserdicht ist. Solche Exemplare bekommt man fast geschenkt.
Aquarien sind praktisch völlig nagesicher. Die Belüftung klappt allerdings nicht so gut wie bei Terrarien. Da Rennmäuse relativ wenig Urin ausscheiden, bildet

In einem Aquarium kann man das Rennmausheim interessant und abwechslungsreich gestalten – und dann die kleinen Renner auch noch prima darin beobachten.

sich im Inneren zumindest keine stark erhöhte Luftfeuchtigkeit, wie dies bei anderen Kleinnagern der Fall sein kann. Die Tiere brauchen aber natürlich ausreichend Sauerstoff, daher sollte die Höhe des Aquariums 40 cm besser nicht überschreiten. Ist das Aquarium nicht höher als die schmale Seite der Grundfläche, entstehen keine Belüftungsprobleme.

Bauen Sie Steine und Äste so auf, dass sie auch nach ausgiebiger Buddelarbeit nicht einstürzen können.

Abdeckung

Ganz wichtig für Terrarien und Aquarien ist die richtige Abdeckung. Da die Tiere recht hoch springen können, sollte auch dieser Teil des Käfigs nagesicher sein. Außerdem muss er sich entweder gut verschließen lassen oder schwer genug sein, damit er sich nicht öffnet oder herunterfällt, wenn die Tiere dagegen springen. Dass die Aquarien- bzw. Terrarienabdeckung luftdurchlässig sein muss, versteht sich von selbst. Eine normale Aquarienabdeckung ist also meistens nicht geeignet. Sowohl bei Terrarien als auch bei Aquarien ist auf die Dichtmasse zu achten, mit der die Fugen zwischen den Glasscheiben geschlossen werden. Heute wird praktisch ausschließlich Silikon verwendet, welches wohl unbedenklich ist. Es sind jedenfalls keine Fälle bekannt, in denen die Tiere Schaden genommen hätten, wenn sie daran knabberten. Anderes Dichtmaterial kann dagegen unter Umständen giftig sein.

Auch Terrarien und Aquarien aus transparentem

TIPP: Die Maschenweite von Drahtgeflecht für die Aquarien- oder Terrarienabdeckung sollte weniger als einen Zentimeter betragen.

Kunststoff werden ein schönes Rennmausheim, sofern sie keinen Ansatzpunkt zum Benagen bieten.

Vorteile

Terrarien und Aquarien bieten einen weiteren Vorteil. Man kann die Einstreu besonders hoch einfüllen und den Tieren so Gelegenheit zu ausgiebigem Graben und Scharren geben. Nur bei Terrarien mit tief eingesetzten Schiebetüren sind hier Grenzen gesetzt, da die Streu beim Öffnen herausfällt.

EIGENBAU

Wer ein bisschen handwerkliches Geschick besitzt, kann das Heim für seine Rennmäuse natürlich auch selber bauen.
In vielen Büchern über Aquaristik finden sich Bauanleitungen für Aquarien. Individuelle Wünsche in Form und Größe lassen sich so natürlich viel besser umsetzen. Grundsätzlich braucht man hierfür nur Glas und Silikon.
Der Aquarienbau ist aber nicht jedermanns Sache. Der Umgang mit Holz ist den meisten Bastlern vertrauter und auch aus diesem Material kann man ein schönes Rennmausheim bauen.

Das richtige Material

Hierzu verwendet man mit Kunststoff beschichtete Spanplatten. Die Auswahl des Materials ist beim Selbstbau eines Rennmausheimes ganz entscheidend.

Eigentlich ist Kunststoff im Rennmausheim nicht erwünscht. Großflächige Platten mit einer sehr glatten Oberfläche können jedoch verwendet werden, da sie den scharfen kleinen Zähnen keinen Ansatzpunkt zum Benagen bieten.
Aus solchen Platten baut man einen Kasten, dessen Vorderfront und Oberseite offen bleiben. Mit Hilfe einer hineingefrästen Nut oder aufgeschraubter Führungsleisten setzt man eine Front aus Glas oder transparentem Kunststoff ein. Für die Abdeckung kann aus Holz-, Kunststoff- oder am besten Aluminiumleisten ein Rahmen gebaut werden, den man mit engmaschigem Drahtgeflecht bespannt. Die einzelnen Bauteile des Käfigs müssen übrigens sehr passgenau sein, damit keine größeren Fugen entstehen. Fugen können zu einem hygie-

Ein erhöhtes Plätzchen nutzen die Rennmäuse gerne als Ausguck.

Ein Abenteuerspielplatz für Rennmäuse: Papprohren sind spannende Unterhaltung und artgerechte Beschäftigung: hineinkriechen, durchkrabbeln und zernagen.

nischen Problem werden und bieten den Tieren außerdem einen Ansatzpunkt zum Benagen. Kleine Fugen, die praktisch immer entstehen, werden mit Silikon verschlossen.
Gerade selbst gebaute Käfige aus Holz sollten jedoch regelmäßig auf Nageschäden kontrolliert werden.

Käfigverbundsystem

Besonders beliebt bei Rennmäusen sind mehrere Käfige, die mittels Röhren miteinander verbunden sind. Eine solche Konstruktion erfordert allerdings einiges bastlerisches Geschick. Die Tiere zeigen in einem solchen „Verbundsystem" dafür aber besonders emsige Aktivitäten.

KÄFIGSTANDORT

Auch der Standort des Käfigs will vor dem Einzug der Tiere genau überlegt sein.
Da die Tiere tag- und nachtaktiv sind, kommen Schlaf- oder Kinderzimmer nur in Frage, wenn die menschlichen Bewohner keinen zu leichten Schlaf haben. Die Küche ist wegen der Essensgerüche und der oftmals höheren Luftfeuchtigkeit weniger geeignet.
Steht das Rennmausheim im Kinder- oder Wohnzimmer, so sollte man auf häufigen sehr lauten Musikgenuss verzichten. Für die kleinen Nager mit ihren empfindlichen Ohren ist dies nämlich kein Genuss.
Ratsam ist außerdem ein Abstand von mindestens zwei bis drei Metern zwischen Rennmausheim und Fernseher, Radio oder Lautsprechern.
Ein Raum, in dem viel geraucht wird, ist ungeeignet.
Zugluft ist ebenfalls schädlich und kann vor allem bei Gitterkäfigen ein Problem sein. Sie können den zukünftigen Standort leicht mit einer brennenden Kerze auf Zugluft überprüfen.

Auf gleichem Niveau
Außerdem darf der Käfig nicht zu niedrig stehen. Dies erschwert die Kontaktaufnahme zu den Rennmäusen. Wenn man die Tiere immer nur von oben betrachtet, so erscheint man für so kleine Wesen nämlich ziemlich bedrohlich. Würde es das Hineingreifen in den Käfig nicht so erschweren, wäre ein Standort in Augenhöhe am besten. Eine normale Kommode tut es - schon der Bequemlichkeit wegen - aber auch. So kann man die Tiere trotzdem aus unbedrohlicher Position betrachten, wenn man sitzt oder in die Knie geht.

Temperatur
Was die Temperatur angeht, so sind die Tierchen nicht so empfindlich, wie manchmal angenommen wird. Schließlich ist es in der mongolischen Heimat der Rennmäuse auch nicht immer warm. Dort können sich die Tiere allerdings in ihren unterirdischen Bau zurückziehen, wenn es zu kalt wird. Dann kuscheln sie sich in ihrem gut isolierten Nest aneinander und haben es angenehm warm. In einem Käfig sind die Tiere der Zimmertemperatur dagegen fast schutzlos ausgesetzt. Das Nest und die Wärme der Artgenossen sind kein vollständiger Ersatz für einen unterirdischen Bau. Daher sollten extreme Temperaturen und starke Temperaturunterschiede vermieden werden. Bei normaler Zimmertemperatur und bei nicht zu hoher Luftfeuchtigkeit fühlen sich die Rennmäuse am wohlsten.

EINSTREU

Als Einstreu für das Rennmausheim eignen sich verschiedene Materialien.
Für eine Haltung, die der natürlichen Lebensweise am nächsten kommt, wird ein Material verwendet, das es den Tieren ermöglicht, tiefe, stabile Gänge und Kammern zu graben. Dies wäre z. B. eine Mischung aus Sand und Lehm. Für einen Anfänger ist diese Art der Haltung jedoch etwas schwierig. Um eine gewisse Stabilität zu haben, muss das Material etwas feucht sein. Dadurch kann im Käfig ein feuchtkaltes Klima entstehen, das für die Rennmäuse schädlich ist. Zudem ist die Beschaffung hygienisch einwandfreien Materials problematisch. Zusätzliche hygienische Probleme können

Feiner Sand dient der Fellpflege und kann auch als Käfigeinstreu verwendet werden.

Auch eine mögliche Einstreu: Papierschredder, bitte ohne giftige Druckfarben.

Einstreu aus Holzspänen ist saugfähig und für das Rennmausheim prima geeignet.

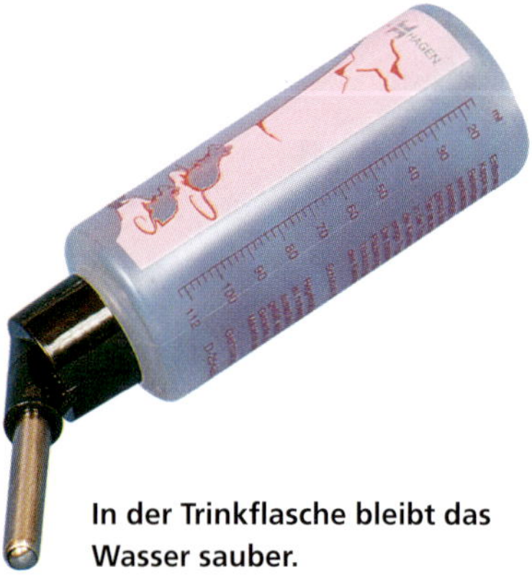

In der Trinkflasche bleibt das Wasser sauber.

Stellen Sie den Futternapf am besten etwas erhöht auf.

Heu wird gefressen und als Nistmaterial benutzt.

entstehen, da eine solche Einstreu seltener gewechselt werden kann. Außerdem sind die Tiere unerreichbar, wenn sie sich in den Gängen aufhalten. Was also tun, wenn eines der Tiere krank ist oder gar stirbt?

Kleintierstreu

Am häufigsten verwendet und sicherlich auch am praktischsten ist eine handelsübliche Kleintierstreu aus feinen Holzspänen. Ungeeignet sind Sägemehl und durchweg sehr grobe Holzspäne. Sägemehl staubt sehr stark und wird von Mensch und Tier eingeatmet, was Reizungen der Atemwege auslösen kann. Außerdem haftet es sehr leicht an den Tieren, den Wänden des Terrariums und an anderem Zubehör. Wenn die Tiere intensiv graben, wirbelt zudem eine dichte Staubwolke auf. Grobe Sägespäne eignen sich für die Nagerhaltung vor allem wegen der schlechten Saugfähigkeit nicht so gut. Bei Rennmäusen ist dies allerdings aufgrund der geringen Urinmengen nicht so nachteilig wie bei anderen Kleinnagern.

Für die Kleintierhaltung gibt es außerdem Einstreu aus pelletiertem Stroh und neuerdings auch aus pelletiertem Hanf. Für viele Tiere, z. B. Zwergkaninchen, sind

diese recht gut geeignet. Auch für Rennmäuse kann man diese Art der Einstreu verwenden. Allerdings ist sie für die kleinen Tiere recht grob, sie können darin nicht so gut graben. Auf jeden Fall braucht man bei Verwendung dieser Einstreu zusätzlich ausreichend Nistmaterial, also Heu oder Ähnliches.

Sand und Torfmull

Außerdem kann man als Einstreu auch Sand verwenden, z. B. Vogelsand. Dieser nimmt jedoch weniger Flüs-

Einfaches ungefärbtes Küchenpapier zerkleinern die Rennmäuse und polstern ihr Nest damit aus.

sigkeit auf und muss daher unter Umständen öfter ausgewechselt werden. Zudem kann Sand das Glas des Terrariums zerkratzen. Da Rennmäuse zur Fellpflege in Sand baden, sollte man ihnen aber unbedingt regelmäßig welchen zur Verfügung stellen.
Früher wurde in der Kleintierhaltung gelegentlich auch Torfmull eingesetzt. Dieser ist aus verschiedenen Gründen aber nicht zu empfehlen. Zunächst ergibt sich ein ähnliches Staubproblem wie bei Sägemehl. Außerdem enthält Torfmull oft eine gewisse Restfeuchte. Auch hier kann es - wie oben schon erwähnt - zu einer erhöhten Luftfeuchtigkeit im Rennmausheim kommen. Erkältungen können die Folge sein.

Empfehlenswert

Kleintierstreu aus feinen Holzspänen ist also die beste Wahl. Obenauf gibt man noch etwas Heu. Dieses wird von den Tieren auf vielfältige Weise genutzt. Es dient dem Nestbau und wird gefressen. Außerdem kann man darin herrlich Gänge bauen, zumindest so lange bis die scharfen Nagezähne alles klein gehäckselt haben und die ganze Pracht in sich zusammenfällt.
Man kann die Art der Einstreu auch von Mal zu Mal wechseln. Das verschafft den Tieren Abwechslung und gibt dem Halter Gelegenheit, die Tiere im Umgang mit den unterschiedlichen Materialien zu beobachten.

GRUNDAUSSTATTUNG FÜR DIE RENNMAUS-HALTUNG

- Nage- und ausbruchsicherer Käfig oder umgebautes Terrarium bzw. Aquarium mit Abdeckung
- Einstreu
- Futternapf
- Trinkflasche
- Schlafhäuschen
- Äste und Steine
- Röhren aus Holz, Pappe oder Keramik
- Badesand und Badegefäß
- Heu und Papier als Nistmaterial
- Achtung: Kunststoff ist grundsätzlich tabu!

NISTMATERIAL

Da sich sowohl weibliche als auch männliche Rennmäuse Nester bauen, sollte man auf jeden Fall für geeignetes Nistmaterial sorgen. Heu ist sehr gut geeignet und reicht manchen Tieren schon aus. Zusätzlich kann man aber auch ungefärbtes Küchenpapier oder Papiertaschentücher geben. Diese werden von den Tieren in kleinere Stücke zerbissen und dann ins Nest getragen. Auch zernagte Pappe von Papprollen oder ähnlich vergängliches Material wird manchmal für den Nestbau verwendet.

NÄPFE UND TRÄNKEN

Für die Rennmaushaltung braucht man nicht unbedingt Futternäpfe. Man kann das Futter auch einfach im Käfig verstreuen. So gehen die Tiere gleich einer natürlichen und artgerechten Beschäftigung nach, nämlich der Futtersuche. In der Natur bekommen die Tiere ihr Futter ja auch nicht in einem Napf vorgesetzt. Da die Einstreu aufgrund der geringen Urinmengen der Rennmäuse ziemlich trocken ist, ergeben sich daraus auch keine hygienischen Probleme. Ein Futternapf hat zudem den Nachteil, dass er von den Tieren sehr schnell verscharrt wird. Vorteilhaft ist allerdings, dass man einen besseren Überblick über die verbrauchten Futtermengen hat. Man merkt z. B. schneller, wenn die Tiere nicht richtig fressen. Will man aus diesem Grund auf einen Futternapf nicht verzichten, so stellt man ihn am besten leicht erhöht, z. B. auf einige flache Steine oder das Schlafhäuschen. So wird er nicht so schnell zugedeckt. Das Gleiche gilt auch für einen Wassernapf. Soll ein Wassernapf verwendet werden, muss auch er etwas erhöht stehen, damit das Wasser nicht in Kürze unbrauchbar ist.
Für Wasser- und Futternapf gilt, dass sie aus schwerer Keramik und natürlich standfest sein sollten. Es eignen sich auch Metallgefäße. Kunststoffnäpfe haben im Rennmausheim dagegen nichts zu suchen. Sie werden früher oder später völlig zernagt. Verschlucken die Tiere dabei etwas von dem Kunststoff, so ist das ziemlich ungesund, kann sogar gefährlich werden.

Das Häuschen dient als Unterschlupf und kann gleichzeitig als Aussichtsplattform genutzt werden.

Trinkflasche

Für die Wasserversorgung ist eine Trinkflasche am besten geeignet. Das Wasser bleibt darin sauber und wird nicht verscharrt. Wohnen die Rennmäuse in einem vergitterten Käfig, so ist die Anbringung ganz einfach. Die Flasche hängt außen und nur das Trinkröhrchen ragt in den Käfig hinein. Dieses Trinkröhrchen darf natürlich ebenfalls nicht aus Kunststoff sein. Schwieriger ist es mit der Anbringung in einem Terrarium oder einem Aquarium. Beim Terrarium kann man eventuell die Lüftungsschlitze entsprechend umgestalten, so dass das Trinkröhrchen hindurchpasst. In einem Aquarium sind die Anbringungsmöglichkeiten dagegen sehr beschränkt. Zwar gibt es inzwischen Halterungen mit Saugnäpfen, die sich aber nur bedingt für Rennmäuse eignen, da die Tiere die Saugnäpfe schnell zernagen. Außerdem muss auch die Flasche aus nagesicherem Material sein, da sie für die Tiere mit ihren scharfen Zähnen ja erreichbar ist.

TIPP: Erneuern Sie das Wasser in der Trinkflasche regelmäßig, auch wenn die Flasche noch gar nicht leer ist. In altem Wasser können sich Algen und Bakterien vermehren.

Manche Trinkflaschen haben oben eine Öse, so dass man sie mit einem Draht an der Terrarien- oder Aquarienabdeckung befestigen kann. Das funktioniert ganz gut. Allerdings schaukelt die Flasche etwas, wenn die Tiere sie benutzen wollen. Auch das Öffnen der Aquarienabdeckung wird erschwert. Bei Terrarien mit einer Schiebetür ist das natürlich kein Problem.
Es gibt inzwischen auch kleine Trinkflaschen, die in einer dicken Holzröhre stecken, aus der nur das Trinkröhrchen herausschaut. Diese Flaschen sind prima für Rennmäuse geeignet. Man muss nur darauf achten, dass sie sicher ste-

Holzröhren aus Birkenholz gibt es im Zoofachhandel.

hen. Notfalls kann man die Bodenplatte durch das Anleimen eines Brettchens vergrößern.

MÖBLIERUNG

Natürlich brauchen Rennmäuse keine echten Möbel, aber einige Dinge sind als Inneneinrichtung des Rennmausheimes doch notwendig oder zumindest sehr nützlich. Rennmäuse sind von Natur aus an offenes Gelände gewöhnt, daher darf der Käfig aber auch nicht zu voll gestopft werden, damit sie sich ausreichend bewegen können.

Schlafhäuschen

Ein Schlafhäuschen sollte nicht fehlen, obwohl manche Rennmäuse es nicht im eigentlichen Sinn benutzen. Tiere, die noch etwas scheu sind, haben es gerne als Rückzugsmöglichkeit. Das eigentliche Nest wird oftmals ganz woanders aufgeschlagen.

Ein Häuschen aus Holz wird von den Tieren vielleicht irgendwann völlig zernagt. Wenn man ein solches Haus selbst baut, ist es recht preiswert, dann kann man den Tieren diesen Spaß ruhig gönnen.

Aber auch nagesichere Materialien wie Keramik oder Stein sind geeignet. Wichtig ist, dass Häuschen aus solchen schweren Materialien sehr sicher stehen und nicht umstürzen können. Dies gilt auch für flache Steine, die man als Inneneinrichtung im Käfig benutzen kann.

Steine

Im Zoofachhandel sind Steine als Aquarienzubehör erhältlich. Aber auch Steine aus dem Garten oder dem Baumarkt erfüllen ihren Zweck. Besonders sinnvoll sind solche Steine als etwas erhöhter Standort von Wasser- oder Futternapf. Außerdem können sich die Tiere daran ihre Krallen wetzen. Der Untergrund wird dadurch vielseitiger und natürlicher gestaltet.

Da Rennmäuse auch schwere Steine untergraben können, ist es wichtig, diese nicht auf die Einstreu zu legen, sondern direkt auf den Käfigboden. Am besten wählt man die Steine so hoch, dass sie aus der umliegenden Einstreu herausragen. Legt man die Steine auf die Einstreu, so graben die Tiere so lange, bis die Steine absacken. Dies kann fatale Folgen haben, wenn sich eines von ihnen darunter befindet.

Stein und Holz für die abwechslungsreiche Käfiggestaltung.

Häuschen gibt es in vielen Größen und Formen.

Gut geeignet sind auch Ziegelsteine, die allerdings nicht so natürlich aussehen. Ziegel sind aufgrund ihrer Form sehr standsicher und

Papprollen – bitte ohne giftigen Kleber.

man kann sie ohne Gefahr sogar stapeln. Besonders gut kommen bei den Tieren Lochziegel an, da die Löcher auch noch gerne als Tunnel und Unterschlupf genutzt werden.

Röhren
Jede Art von Röhren und Tunneln werden von Rennmäusen heiß geliebt. Im Zoofachhandel gibt es Holzröhren, die aber wie alles Holzzubehör nur eine begrenzte Lebensdauer haben. Längerfristig kann man dagegen Keramikröhren nutzen. Oder man nimmt einfach Papprollen. Die werden zwar noch schneller zerlegt, lassen sich aber auch entsprechend kostengünstig ersetzen. Wenn Papprollen von Küchen- oder Toilettenpapier benutzt werden, ist allerdings zu bedenken, dass für die Herstellung gesundheitsschädlicher Kleber verwendet worden sein könnte. Aus einem Bogen ungefärbter Pappe kann man auch einfach eine Rolle drehen. Das hält auch ohne Kleber. Die Reste solcher Papprollen werden von den Tieren übrigens oft zum Nestausbau verwendet.

Äste und Zweige
Äste und Zweige, vorzugsweise von ungespritzten Obstbäumen, können auf vielfältige Weise für die Gestaltung des Lebensraumes der Rennmäuse eingesetzt werden. Dünne Zweige werden von den Tieren in kurzer Zeit komplett zernagt. Dies befriedigt nicht nur den Nagetrieb und beschäftigt die Tiere, sondern versorgt sie auch noch mit einigen wertvollen Mineralien und Spurenelementen.

Erst mal schauen, ob die Luft rein ist…

TIPP: Zweige und Steine aus dem Garten können Sie kurz in der Mikrowelle erhitzen. Dabei werden evtl. daran anhaftende Krankheitserreger und Parasiten abgetötet.

Dickere Äste werden ebenfalls zernagt, halten aber natürlich länger und dienen daher der eigentlichen Gestaltung des Käfigs. Von den Rennmäusen werden sie z. B. als erhöhter Standort und Ausguck genutzt. Rennmäuse sind allerdings keine Klettermäuse. Sie sind bodenbewohnende Tiere und

ihre Kletterfähigkeit oder ihr Kletterbedürfnis ist viel geringer ausgeprägt als z. B. bei echten Mäusen oder Goldhamstern.

Laufrad

Ein Laufrad wird von vielen Kleinnagern als Möglichkeit zur Bewegung angenommen. Es besteht jedoch bei offenen Modellen aus Stangen eine gewisse Unfallgefahr. Die Tiere können sich die Beine oder den Schwanz einklemmen und quetschen. Diese Gefahr ist bei Rennmäusen besonders groß. Es gibt auch Modelle ohne Stangen, die aus einer offenen Trommel bestehen, bislang jedoch nur aus Kunststoff und daher für Rennmäuse ungeeignet. Ebenfalls völlig ungeeignet sind geschlossene transparente Kunststoffkugeln, in die man die Tiere einsperren und dann durch die Wohnung rollen lassen kann. Alle Kleinnager können dort in Panik geraten. Ihr schnelles Laufen ist dann nur der sinnlose Versuch einer Flucht.
Zwar sollen sich Rennmäuse viel bewegen können, solche Art der Bewegung muss aber unbedingt unterbleiben.

SANDBAD

Zur perfekten Inneneinrichtung des Rennmausheimes gehört auch eine Schale mit Badesand (siehe S. 36). Es sollte eine große Schale aus Keramik oder Metall sein. Sehr gut eignet sich ein Fressnapf für Hunde. In diesen füllt man Vogelsand oder besser Badesand für Chinchillas, der weniger scharfkantig ist. In dem Sand wälzen sich die Tiere, um überschüssige Feuchtigkeit und Drüsensekrete aus dem Fell zu entfernen. Die Schüssel wird von den Tieren aber gerne auch als Toilette benutzt. Derart zweckentfremdet taugt der Sand nicht mehr zur Fellpflege. Daher muss er häufig ausgetauscht werden. Statt dessen kann die Badeschüssel aber auch immer nur für kurze Zeit in den Käfig gestellt werden, für etwa eine halbe Stunde täglich. Für Rennmäuse der Höhepunkt des Tages.

FANTASIE IST GEFRAGT

Grundsätzlich kann man bei der Gestaltung des Rennmausheimes seiner Fantasie freien Lauf lassen. Aus den geeigneten Materialien - Holz, Pappe, Metall, Stein und Keramik - lässt sich vieles basteln oder einfach für das Rennmausheim umfunktionieren. Ein halbierter Blumentopf aus Ton wird zum Schlafhäuschen, Steine aus dem Garten werden zu einem kleinen Gebir-

...und dann geht es auf Entdeckungstour.

Das Erkunden des Käfigs macht natürlich gleich noch viel mehr Spaß, wenn man dabei hin und wieder auf eine solche Köstlichkeit stößt.

ge und Äste und Zweige komplettieren die Landschaft. Man kann sich immer wieder etwas Neues ausdenken und den Tieren Abwechslung bieten.
Hier findet sich außerdem ein idealer Ansatzpunkt, um Kinder in die Rennmaushaltung einzubinden. Kinder sind oft etwas enttäuscht

TIPP: Bedenken Sie bei der Gestaltung Ihrer Rennmäuse-Traumvilla immer: Kunststoff ist tabu!

von den flinken Nagern, weil sie keine „echten" Kuscheltiere sind. Beim Basteln von Käfigausstattung aus Holz oder auch Pappe wächst die Begeisterung dagegen schnell. Kinder können sich auch daran beteiligen, einen passenden Hintergrund für die Terrarienrückwand herzustellen. Auf einem großen Blatt Papier malt man eine Landschaft, vielleicht sogar so, wie man sich die mongolische Heimat der Tierchen vorstellt – oder wie Sie sie in der vorderen Klappe sehen können. Diese klebt man dann von außen auf die Rückwand des Terrariums. Den Rennmäusen ist die Verschönerung zwar vermutlich ziemlich egal, aber Kinder können sich auf diese Art mit den Rennmäusen beschäftigen und auseinandersetzen, auch wenn man sie nicht knuddeln kann wie einen Teddybären. Und vielleicht gefällt den Tieren ein bunter Hintergrund ja doch besser als eine weiße Tapete?

GESUNDHEITSCHECK

Eine gesunde Rennmaus

- macht flinke Bewegungen.
- hat ein sauberes Fell, vor allem um Augen, Nase, Maul und After.
- besitzt ein dichtes Fell.
- atmet ohne hörbare Geräusche.
- hat einen geraden Rücken.
- ist unverletzt und hat keine Wunden.

Kleine Innenarchitekten

Wenn das Rennmausheim eingerichtet ist und die Tiere einziehen, so darf man nicht enttäuscht sein, wenn die neuen Bewohner offensichtlich einen ganz anderen Geschmack haben als man selbst. Kaum sind sie eingezogen, beginnen sie mit der Umgestaltung. An einer Ecke wird der Boden freigelegt, woanders hohe Berge aus der Einstreu aufgetürmt. Das schöne neue Schlafhäuschen bleibt unbenutzt oder wird bestenfalls in Kürze zernagt. Statt dessen richten sich die Tiere in einer Ecke des Käfigs ein Nest aus Einstreu und Heu ein. Das alles ist möglich und sollte Sie nicht weiter erstaunen. Auf diese Art sind die Tiere beschäftigt und bieten Ihnen die Möglichkeit, sie bei diesen emsigen Aktivitäten zu beobachten.

KAUF

Ist das Rennmausheim fertig eingerichtet, so können nun endlich die neuen Bewohner einziehen. Die meisten Rennmäuse werden vermutlich im Zoofachhandel gekauft. In einem guten Fachgeschäft kann man außerdem das meiste des benötigten Zubehörs und geeignetes Futter kaufen.
Auch professionelle oder Hobbyzüchter geben Tiere an Privatpersonen ab. Hier hat man den Vorteil, dass auch die Elterntiere besichtigt werden können, so dass man sich davon überzeugen kann, dass die Tiere aus einer gesunden Zuchtlinie stammen.
Es soll nicht unerwähnt bleiben, dass es auch Rennmäuse gibt, die im Tierheim landen. Hier warten viele auf ein neues, artgerechtes und dauerhaftes Zuhause. Auch bei privaten Rennmaushaltern, die versehentlich ein Pärchen erwischt haben, gibt es manchmal unerwarteten und eher unerwünschten Nachwuchs. Bevor man also Rennmäuse in einer Zoohandlung erwirbt, sollte man sich auch darüber Gedanken machen, ob man nicht solche Tiere zu sich nimmt, die aus irgendeinem Grund ganz dringend ein neues Zuhause suchen.

Gesunde Tiere

Das Wichtigste bei der Auswahl ist natürlich, dass man gesunde Tiere erhält. Die Rennmaus, die sich am leichtesten aufnehmen lässt, ist nicht unbedingt die zutraulichste, sondern könnte auch krank sein.
Aus Mitleid darf man sich nicht zum Kauf hinreißen lassen. Einerseits sollte ein Händler natürlich nur gesunde Tiere anbieten, andererseits könnte der Stress beim Transport und die Gewöhnung an eine neue Umgebung einem schon erkrankten Tier buchstäblich den Rest geben und daher mehr schaden als nutzen.

Futterumstellung

Fragen Sie den Händler unbedingt, wie die Tiere bisher ernährt wurden. Wollen Sie anderes Futter verwenden, so können Sie eine langsame und schonende Umstellung vornehmen. Zu diesem Zweck werden beide Futtersorten gemischt und dabei von Tag zu Tag der Anteil des neuen Futters erhöht. Nach etwa einer Woche kann dann ausschließlich das neue Futter gegeben werden.

HEIMREISE

Für den Heimtransport sind die im Zoofachhandel üblicherweise benutzten Pappschachteln nur dann geeignet, wenn der Weg sehr kurz ist. Dauert der Heimweg länger als ein paar Minuten, verwendet man lieber einen richtigen Transportkäfig. Andernfalls muss man sich, zu Hause angekommen, womöglich erst mal damit beschäftigen, die Rennmäuse im Auto wieder einzufangen, denn einen Pappkarton haben sie in Windeseile durchgenagt.
In die Transportbox gibt man etwas Streu und Heu. Nimmt man diese aus dem bisher von den Tieren bewohnten Käfig, so fühlen sie sich wegen des gewohnten Geruchs sicherer.

TIPP: Achten Sie - vor allem im Winter - darauf, dass die Rennmäuse auf dem Nachhauseweg keinen starken Temperaturschwankungen ausgesetzt sind.

Einen Transportkäfig kann man auch später noch sinnvoll nutzen, z.B. um die Tiere darin unterzubringen, wenn man den Käfig reinigt.

NIEMALS EIN EINZELTIER

Es kann nicht oft genug erwähnt werden, dass Renn-

Streitereien um das Futter gibt es bei den sozialen Tieren kaum. Wenn Sie den Napf wie hier etwas erhöht stellen, wird er außerdem nicht so schnell zugescharrt.

Im neuen Heim: Schnell siegt die Neugier, die Rennmaus kommt aus ihrem Versteck und inspiziert die fremde Umgebung.

mäuse nicht allein gehalten werden sollten. Wo auch immer Sie Ihre neuen Mitbewohner erwerben, nehmen Sie kein einzelnes Tier. Es würde regelrecht verkümmern. Es sollten also immer mindestens zwei Tiere gehalten werden.
Am besten nimmt man Geschwister oder Eltern mit ihren Jungen. Möchte man keinen Nachwuchs bekommen, so kann man auch nur Weibchen oder nur Männchen halten. Die Tiere müssen jedoch aus einer Familie stammen, andernfalls gibt es heftigen und vielleicht sogar tödlichen Streit.
„Aus einer Familie" bedeutet in diesem Fall, dass sie auch immer zusammen gehalten wurden. Werden Tiere aus einer Familie für einige Zeit getrennt, so entfremden sie sich und erkennen sich nicht wieder. Setzt man sie dann zusammen, so ist die Reaktion wie bei einem völlig fremden Tier. Schon einige Stunden der Trennung können genügen, die Rennmäuse einander fremd werden zu lassen.

IM NEUEN HEIM

Im neuen Käfig brauchen die Rennmäuse zunächst einmal eines: Ruhe. Vermutlich werden sie sich anfangs in eine sichere Ecke, also z. B. in das Schlafhäuschen, zurückziehen. Normalerweise dauert es aber nicht lange, bis sie beginnen, ihr neues Zuhause zu erkunden. Dann laufen sie aufgeregt umher, schnüffeln herum und fangen bald an zu scharren und alles Erreichbare zu beknabbern.
Vor allem Kindern fällt es in dieser Zeit schwer, geduldig zu sein. Die Tiere brauchen aber unbedingt einige Tage Zeit, um sich an die neue Umgebung zu gewöhnen. In dieser Zeit sollte man sie nur füttern und ansonsten in Ruhe lassen.

Freundschaft schließen

Ihrem Wesen nach sind Rennmäuse eigentlich schon zahm. Man muss sie also nicht zähmen, sondern nur an sich gewöhnen. Ihr zutraulicher Charakter und ihre große Neugier

TIPP: Benutzen Sie vor dem Kontakt mit den Tieren keine stark duftenden Parfüms, Seifen etc.

machen aber auch das recht einfach.
Das wichtigste Sinnesorgan der Rennmaus ist die Nase. Es ist daher wichtig, dass die Rennmäuse sich an den menschlichen Geruch gewöhnen.
Zur ersten Kontaktaufnahme mit den Tieren legt man einfach seine Hand in den Käfig. Vermeiden Sie dabei möglichst jede hastige Bewegung. Wenn man die Hand nun einfach ruhig im Käfig lässt, so wird sich die erste Rennmaus bald nähern und sie beschnuppern.
Jetzt muss man sich ruhig verhalten. Keinesfalls darf man zu schnell versuchen, die Tiere zu greifen. Das würde das erste Vertrauen wieder zerstören. Der Instinkt der Rennmäuse sagt ihnen, dass alles, was von oben kommt und versucht, nach ihnen zu greifen, ein Raubtier ist. Sie reagieren daher auf solche Bewegungen ganz instinktiv ängstlich.
Wenn die Tiere keine Angst vor der Hand zeigen, so kann man sich vorsichtig bewegen, z. B. ein wenig in der Einstreu scharren, so wie die Rennmäuse es tun. Früher oder später werden die Tiere auch auf die Hand steigen und es so ermöglichen, dass man sie hochnimmt. Eine kleine Leckerei auf der Hand kann als Bestechung hilfreich sein, ist aber meistens nicht nötig.

Rennmäuse beißen nicht

Unter Umständen werden die Tiere, wenn sie sich der Hand vorsichtig nähern, auch einmal versuchen, daran zu knabbern. Dann darf man nicht erschrecken oder unüberlegte hastige Bewegungen machen. Normalerweise ist es wirklich nur ein vorsichtiges Knabbern. Rennmäuse beißen äußerst selten. Mit dem vorsichtigen Knabbern versuchen die Tiere, Kontakt aufzunehmen und festzustellen, was das für ein Ding ist, das sich da in ihrem Revier breit macht. Rennmäuse begegnen dem Menschen nicht aggressiv, wie sie es bei einem fremden Artgenossen machen würden. Ihr Verhalten ist eigentlich immer durch große Neugierde und ein erstaunliches natürliches Zutrauen geprägt.

Leckermäulchen: Rennmäuse suchen sich immer das Leckerste zuerst aus.

Aber Vorsicht: Einseitige Ernährung ist ungesund und macht dick.

Richtig füttern

Tischlein deck dich

Knabbern, nagen, knuspern – Körnerfutter ist die Grundlage der Rennmausernährung. Ergänzt durch Obst und Gemüse geht die Liebe gesund durch den Magen.

TROCKEN- UND KÖRNERFUTTER

Als Grundlage der Ernährung Ihrer Rennmäuse verwenden Sie am besten eine Futtermischung aus dem Zoofachhandel. Hiervon bekommt jedes Tier täglich etwa 10 g – je nach Kaloriengehalt der Mischung und sonstiger Fütterung. Inzwischen sind auch spezielle

Körnermischung mit viel Hirse.

Fertigfuttermischungen für Rennmäuse erhältlich. Es können jedoch auch Futtermischungen für Hamster oder Mäuse gegeben werden. Um den Anteil feinkörniger Saaten zu erhöhen, kann man das Fertigfutter mit Hirse mischen.
Hirse gibt es im Zoofachhandel als lose Ware oder in Form von Wellensittichfutter. Auch Kolbenhirse eignet sich ausgezeichnet.

TIPP: Das Futter immer kühl, trocken und nicht zu lange lagern. Es muss so aufbewahrt werden, dass es für Vorratsschädlinge wie Mäuse und Insekten unzugänglich ist – z. B. in einer gut schließenden Dose.

Einzelne Tiere können eine Vorliebe für bestimmte Bestandteile der Futtermischung entwickeln, z. B. für Sonnenblumenkerne. Eine derartig einseitige Ernährung führt aber zu Schäden. Notfalls reduzieren Sie die Futtermenge ein wenig. Füttern Sie besonders vielseitig und achten Sie darauf, dass alles gefressen wird.

SAFTFUTTER

Auch Saftfutter – also Obst und Gemüse – steht täglich auf dem Speiseplan der Nager. Es versorgt die Tiere mit Vitaminen und Feuchtigkeit und verhindert Mangelerscheinungen durch einseitige Ernährung. Als Saftfutter eignen sich z.B. Äpfel, Birnen, Karotten, Möhren, Gurken, Paprika und verschiedene Kohlsorten.
Kopfsalat wird ebenfalls sehr gern genommen. Er

Auf zur Futtersuche...

Knabberstangen zur Beschäftigung und Zahnpflege.

kann aber oftmals sehr hohe Nitratgehalte aufweisen, verursacht durch intensive Düngung. Weiß man nichts über die Herkunft des Salates, sollte er lieber vom Speiseplan gestrichen werden.

Saftfutter, das nicht gefressen wurde, muss nach einiger Zeit aus dem Käfig genommen werden. Es fängt sonst unter Umständen an zu schimmeln oder zu gären. Frischfutter, das lediglich eintrocknet, kann dagegen im Käfig bleiben. Manchmal mögen die Tiere es dann sogar besonders gerne.

Möchte man etwas Neues ausprobieren, so gibt man anfangs lediglich kleine Mengen. Dies gilt übrigens für alle Futterumstellungen, auch bei Trockenfutter. Am besten mischt man neues Futter mit schon bekanntem. Das erleichtert der Rennmaus und vor allem ihrem Verdauungstrakt die Gewöhnung.

WASSER

Der Wasserbedarf der Rennmäuse ist nicht besonders hoch. Gibt man genügend Frischfutter, so könnte eigentlich auf eine Tränke verzichtet werden. Da verschiedenes Frischfutter aber auch ganz unterschiedliche Wassergehalte haben kann, ist eine Tränke unbedingt zu empfehlen.

Obst und Gemüse mit viel Vitaminen.

BEKÖMMLICHES FÜR RENNMÄUSE

- **Körnermischung** aus Hirse (verschiedene Arten), Sonnenblumenkernen, Mais, Erdnüssen und Getreide
- **Obst und Gemüse,** z. B. Äpfel, Birnen, Möhren, Möhrenkraut, Paprika, versch. Kohlarten
- **Leckereien,** z. B. Knabberstangen, Nager-Drops, Kolbenhirse, Insektenlarven

LECKERE KNABBEREIEN

Nagen ist eine der liebsten Beschäftigungen der Rennmaus. Zusatzfutter und Leckereien, die den Nagetrieb der Tiere befriedigen, sind daher absolut sinnvoll. Knabberstangen, gepresstes Heu usw. sind sogenanntes Beschäftigungsfutter. Jede Art von Beschäftigung ist sehr wichtig für die artgerechte Haltung der kleinen Nager. Manche toben ihre Nagezähne auch gerne an

Nüsse als seltene Leckerbissen.

Kauknochen aus Rinderhaut aus, wie man sie für Hunde kennt.
In der Natur müssen Rennmäuse viel Energie für die Futtersuche aufwenden. Darauf sind ihr Verhalten und ihr Organismus eingestellt. Bei Heimtieren fehlt diese Art der Beschäftigung fast völlig. Darum muss ein entsprechender Ausgleich geschaffen werden (siehe S. 6). Beschäftigung ist auch, das Futter nicht in den Napf zu geben, sondern einfach in den Käfig zu streuen – Futtersuche gegen Langeweile.
Leckereien, wie der Zoofachhandel sie für Hamster und andere Nager anbietet, können natürlich ebenfalls gegeben werden. Solche Drops, Kräuterpellets usw. können sogar – als kleine „Bestechungsversuche" – eine praktische Hilfe bei der Eingewöhnung der Tiere sein. Meistens sind diese Leckerbissen jedoch für größere Tiere gedacht. Die Portionen sollten daher nicht zu groß sein.

TIPP: Sonnenblumenkerne, Erdnüsse und viele andere Leckereien sind Dickmacher. Geben Sie nur sehr wenig davon!

TIERISCHES PROTEIN

Rennmäuse fressen in der Natur auch manchmal etwas tierisches Protein, z. B. Insektenlarven. Man kann sie im Zoofachgeschäft als Futtermittel kaufen und den Tierchen gelegentlich anbieten. Da der Anblick von Lebendfutter nicht jedermanns Sache ist, kann man darauf aber auch verzichten. Als Quelle tierischen Proteins kann man ebenso gut kleinste Mengen Hundetrockenfutter verfüttern oder spezielle Produkte für Ratten und Hamster aus dem Zoofachgeschäft, z.B. proteinhaltige Drops usw.

VITAMINE UND MINERALIEN

Im Zoofachhandel gibt es außerdem Ergänzungsfuttermittel mit Vitaminen und Mineralien. Bei einer ausgewogenen Ernährung mit Obst und Gemüse sind diese nicht unbedingt notwendig. Verweigern die Rennmäuse aber z. B. die Annahme von Frischfutter, so können die notwendigen Vitamine auch dem Trinkwasser oder dem Trockenfutter zugesetzt werden.

Heiß begehrte Kolbenhirse – die Futtersuche war erfolgreich.

Kein Kämmen, kein Bürsten – bei der Fellpflege brauchen Rennmäuse keine Hilfe.

Pflege und Gesundheitsvorsorge

Fit und gesund von der Nasen- bis zur Schwanzspitze

Artgerechte Unterbringung und Beschäftigung, eine abwechslungsreiche Ernährung und einfache Vorsorgemaßnahmen – so bleiben Ihre Rennmäuse fit und gesund.

SANDBAD

- Der Badesand soll fein, rundkörnig und natürlich sauber sein. Am besten verwendet man Badesand für Chinchillas.
- Damit das Fell schön bleibt und die Tiere sich wohl fühlen, müssen sie einmal täglich in Sand baden können.
- Mit Hilfe des Sandes entfernen die Tiere überflüssige Feuchtigkeit, Fett und Drüsensekret aus dem Fell.

TIPP: Rennmäuse sollen niemals in Wasser gebadet werden. Einzige Ausnahme: Wenn der Tierarzt es als Behandlung anweist.

FELLPFLEGE

Die Fellpflege besorgen die kleinen Nager ganz alleine. Sie sind sehr reinlich und putzen sich oft und gründlich. Um den Tierchen bei der Fellpflege zu helfen, genügt normalerweise die regelmäßige Möglichkeit eines Sandbades (vgl. S. 26).

Die tägliche Schönheitspflege – für gelenkige Rennmäuse ist das überhaupt kein Problem.

ZÄHNE UND KRALLEN

Zähne und Krallen der Rennmäuse wachsen permanent. Durch den natürlichen Gebrauch werden sie jedoch immer wieder regelrecht abgeschliffen und geschärft. Zur Zahnpflege ist es daher wichtig, dass die Tiere immer etwas Hartes zum Nagen haben. Dies kann Futter sein, wie z.B. Knabberstangen und hartes Brot, oder auch frische Zweige von Obstbäumen. Haben die Tiere kaum Möglichkeiten zum Nagen, so werden die Zähne früher oder später zu lang und die normale Futteraufnahme wird behindert. So eine Rennmaus kann vor einem vollen Futternapf regelrecht verhungern.

Auch die Krallen werden durch den natürlichen Gebrauch gepflegt. Durch ihr ausgeprägtes Bedürfnis zu graben und zu scharren, erledigen die Tiere die Krallenpflege also selbst. Ein Schneiden der Krallen wie bei Kaninchen oder Meerschweinchen ist daher nicht nötig.
Damit die Tiere ihre Krallen genügend abnutzen kön-

Die Badeschüssel: groß genug, um darin graben und sich wälzen zu können.

nen, sollte der Untergrund im Käfig möglichst vielseitig gestaltet werden. Holz, Stein und Sand, die Hauptbestandteile in der Innengestaltung des Käfigs, erfüllen also auch hier einen wichtigen Zweck.

KÄFIGHYGIENE

Im Gegensatz zu vielen anderen Nagern macht die Käfighygiene bei den Rennmäusen nur sehr wenig Mühe. Da die Tiere recht trockenen Kot und nur wenig Urin ausscheiden, reicht es im Allgemeinen, den Käfig alle zwei bis drei Wochen zu reinigen. Dabei sollte dann die gesamte Einstreu ausgetauscht werden. Der Käfig selbst kann bei jeder zweiten oder dritten Reinigung ausgespült und desinfiziert werden. Scharfe Desinfektionsmittel sind hierzu aber kaum nötig. Wenn Sie solche verwenden, müssen Sie selbstverständlich sehr gründlich nachspülen. Bevor neue Streu eingefüllt wird, muss der Käfig ganz trocken sein. Vor allem bei Aquarien ist darauf zu achten, dass keine übelriechenden oder gar giftigen Ausdünstungen die Atmosphäre im Inneren vergiften. Restfeuchte vom Reinigen erhöht die Luftfeuchtigkeit, das ist für die Rennmäuse schädlich.

Ein ganz großer Vorzug der Rennmäuse ist, dass von ihnen keinerlei Geruchsbelästigung ausgeht. Selbst nach mehreren Wochen ist der Käfig praktisch geruchsneutral. Auch die Rennmäuse selbst riechen kaum. Unsere eher unsensiblen menschlichen Nasen können nur manchmal einen ganz leicht süßlichen Geruch wahrnehmen, der vielleicht etwas an Honig erinnert.

URLAUB

Denken Sie daran: Bevor Sie sich dazu entschließen, Rennmäuse zu halten, sollten Sie schon geklärt haben, wo die neuen Mitbewohner im Urlaub untergebracht werden. Für Rennmäuse findet sich aber relativ leicht ein Pflegeplatz, da die Versorgung nicht allzu schwierig und aufwendig ist.

KRANKHEITEN

Rennmäuse sind sehr widerstandsfähige und unempfindliche Tiere, die selten krank werden. Vermutlich hängt dies damit zusammen, dass ihre Geschichte als Heimtier noch nicht so lang ist wie z. B. bei Zwergkaninchen oder Meerschweinchen. Die Rennmäuse haben offenbar noch viel von der Zähigkeit ihrer wilden Vorfahren in sich.

Am wichtigsten sollte selbstverständlich sein, gegen Krankheiten vorzubeugen. Eine saubere, artgerechte Haltung und eine ausgewogene Ernährung sind hier das beste Rezept.

Zum Tierarzt

Wird ein Tier doch einmal ernsthaft krank, so ist der baldige Besuch beim Tierarzt unverzichtbar. Gerade bei kleinen Tieren mit schnellem Kreislauf und Stoffwechsel ist langes Warten verhängnisvoll, da sich ihr Zustand sehr schnell verschlechtern kann.
Die Behandlungskosten für Kleinnager sind nicht be-

Eine gesunde und abwechslungsreiche Ernährung ist die beste Gesundheitsvorsorge für Rennmäuse.

sonders hoch und keinesfalls mit denen für Hunde oder Katzen zu vergleichen. Trotzdem können die Kosten den Anschaffungspreis der Tiere leicht übersteigen. Es widerstrebt mir, wie hoffentlich jedem Tierfreund, diese Kosten gegeneinander aufzuwiegen. Leider hört man aber gerade dieses Argument immer wieder. Mit so einer Einstellung sollte man keine Tiere halten, denn Tiere sind keine Gebrauchsgegenstände, die man einfach ersetzt, wenn die Reparaturkosten den Neuanschaffungspreis übersteigen.

Die nachfolgenden Erläuterungen zu einigen Erkrankungen können eine Hilfe sein bei der richtigen Einschätzung des Gesundheitszustandes der Tiere. Man sollte jedoch keinesfalls versuchen, den Tierarzt zu ersetzen. Wie gesunde Rennmäuse aussehen, lesen Sie auf Seite 28.

INFEKTIONSKRANKHEITEN

Bakterielle oder durch Viren verursachte Infektionskrankheiten sind bei der Rennmaus sehr selten. Die bedeutendste bakterielle Erkrankung der Mongolischen Rennmaus ist Tyzzer's Disease. Die Symptome von Tyzzer's Disease sind Durchfall, Austrocknung und ein stumpfes Fell. Die Übertragung erfolgt durch das Fressen von Kot infizierter Tiere. Eine besondere Gefahr liegt daher in der Verwendung von Einstreu, welche mit dem Kot wild lebender Mäuse verunreinigt ist. Der Erreger dieser Krankheit kann in solcher Einstreu mehr als ein Jahr überleben. Besonders gefährdet sind Tiere, deren Immunsystem geschwächt ist, also z. B. Weibchen nach

Den Gebrauch der Trinkflasche beherrschen die Mäuse instinktiv.

einer Geburt, Jungtiere nach dem Absetzen und gestresste Tiere.
Viele Infektionen äußern sich in Durchfall verbunden mit Abmagerung. Verklebtes Fell um den After herum ist immer ein Alarmzeichen. Aber auch das Fell um Augen und Nase sollte sauber und unverklebt sein. Vorbeugend sollte nur saubere Einstreu verwendet werden.

PARASITEN

Man unterscheidet innere und äußere Parasiten. Bei den äußeren Parasiten, die auf und in der Haut leben, sind vor allem Milben zu nennen. Die Symptome eines Milbenbefalls ähneln manchmal Bisswunden, da sich die Tiere kratzen und beißen, denn diese Plagegeister verursachen einen starken Juckreiz. Auffällig sind aber auch ein struppiges, stumpfes und trockenes Fell. Bevor der Halter richtig begreift, was los ist, kann eine so genannte Selbstheilung eintreten. Im Zweifelsfall wird aber der Tierarzt mit entsprechenden Mitteln zur äußeren oder inneren Anwendung helfen.
Innere Parasiten, wie Bandwürmer und Nematoden, befallen die inneren Organe, z. B. den Magen-Darm-Trakt. Sie kommen jedoch sehr selten vor. Durchfall und Abmagerung sind auch hier die für den Laien festzustellenden Symptome. Vorbeugend sollte man Kontakte mit frei lebenden Nagern und ihrem Kot vermeiden und auf ein trockenes und sauberes Klima im Käfig achten. Insekten sind von den Rennmäusen und ihrem Futter fern zu halten.

VERLETZUNGEN

Wunden heilen bei Rennmäusen sehr gut und schnell. Bei kleineren Wunden reicht es normalerweise, das Tier und die Wundheilung gut zu beobachten und den Käfig sehr sauber zu halten, um Infektionen zu vermeiden. Bei größeren Wunden fragt man besser den Tierarzt und lässt sich ein Mittel zur Wunddesinfektion geben.

GEBISSPROBLEME

Probleme mit dem Gebiss der kleinen Nager entstehen im Allgemeinen aus zwei Gründen. Zu weiches Futter und der Mangel an Möglichkeiten zum Nagen führen dazu, dass die Zähne zu lang werden. Hiervon betroffen sind nicht nur die vorderen leicht sichtbaren Zähne, sondern alle Zähne. Zu lange Zähne behindern die Rennmaus beim Fressen und können zu Verletzungen im Mundraum führen. Symptome sind langsame und eingeschränkte Futteraufnahme, Abmagerung und eventuell Speichelfluss. Daneben gibt es auch angeborene Zahnfehlstellungen. Wachsen die Zähne schief, so treffen sie beim Kauen nicht aufeinander. Dadurch nutzen sie sich nicht genügend ab und werden ebenfalls zu lang.
Vorbeugend muss auf die richtige Ernährung und das Vorhandensein von Nagemöglichkeiten geachtet werden. Sind die Zähne erst einmal zu lang, kann nur der Tierarzt helfen, der sie kürzt. Kontrollen müssen bei erblich belasteten Tieren aber unter Umständen in regelmäßigen Abständen wiederholt werden.

STRESS

Rennmäuse können recht empfindlich auf Stress reagieren. Stress kann z. B. Infektionen verschlimmern oder der Krankheit erst zum Ausbruch verhelfen, da er die Immunabwehr schwächt. Die meisten Krankheiten – auch Parasitenbefall – werden erst beim gestressten oder geschwächten Tier zu einem Problem.
Durch sehr starken Stress kann außerdem ein Anfall bei der Rennmaus ausgelöst werden. Die betroffenen Tiere fallen auf die Seite und rühren sich nicht mehr. Manche zittern auch mehr oder weniger stark. Ein Anfall dauert wenige Sekunden bis zu einigen Minuten. In so einem Fall sollte man keinesfalls an dem Tier herumhantieren. Bestenfalls legt man es an einen ruhigen dunklen Ort, wo es sich rasch erholt. Nachwirkungen sind nach einem solchen Anfall kaum zu befürchten. Todesfälle sind äußerst selten. Die Veranlagung zu solchen Anfällen wird vererbt. Manche Zuchtstämme sind mehr davon betroffen, andere weniger. Albinotiere sind hier besonders unempfindlich.

TIERARZTBESUCH

Wegen der Stressempfindlichkeit der Rennmäuse, die bei Erkrankungen besonders stark ausgeprägt ist, sollte der Tierarztbesuch möglichst schonend ablaufen. Zögern Sie den Arztbesuch nicht zu lange hinaus. Eine lange Anfahrtszeit ist auch ein Stressfaktor. Am besten erkundigen Sie sich zunächst telefonisch, ob der Tierarzt Erfahrungen mit Rennmäusen hat. Am Telefon kann auch schon vorab geklärt werden, ob Kotproben mitgebracht werden müssen oder ob eine Vorstellung aller Tiere der Gruppe notwendig ist.

Kranke Tiere sondern sich oft von der Gruppe ab.

Auch Rennmäuse haben Ansprüche

Rennmäuse wollen nicht geknuddelt werden. Ihre grenzenlose Neugier und ihr lebhaftes Verhalten machen aber das Kuscheldefizit ganz sicher bei weitem wieder wett.

HOCHHEBEN UND TRAGEN

Eine zahme Rennmaus wird normalerweise von selbst auf Ihre Hand kommen.

Dann kann man sie vorsichtig aus dem Käfig heben, wobei man die zweite Hand schützend über das Tier hält, damit es nicht herunterfällt oder -springt.

Zutrauliche Tiere lassen sich auch ganz einfach von oben greifen und dann auf die flache Hand umsetzen.
Bei einem jungen oder neuen Tier ist dies aber natürlich noch nicht der Fall. Solange die Tiere noch nicht an die Hand gewöhnt sind, kann man sie am besten mit einem kleinen Gefäß einfangen, das man in den Käfig hält. Es eignet sich z. B. eine Tasse, eine kleine Schüssel oder Ähnliches. Von der Neugier getrieben springen

Gewöhnung ganz einfach: abwarten und geduldig stillhalten.

Bald kommt die Rennmaus auf die Hand und lässt sich hochnehmen.

Rennmäuse – im Team unschlagbar.

manche Tiere sogar von selbst hinein oder sie lassen sich vorsichtig hineindrängen bzw. -schieben.

Hände weg vom Schwanz

Man kann Rennmäuse auch am Schwanzansatz anheben, doch sollte der ungeübte Tierhalter dies lieber unterlassen. Als Schutzmechanismus vor Raubtieren kann sich bei Rennmäusen nämlich die Haut samt Fell vom Schwanz lösen. Das ist kein schöner Anblick und bereitet dem Tier sicherlich nicht unerhebliche Schmerzen. Der verbliebene Rest des Schwanzes trocknet ein und fällt ab oder wird von den Tieren selbst abgebissen. Der Schwanz wächst nicht nach. Die Rennmaus bleibt für den Rest ihres Lebens verstümmelt. Zwar kann eine Rennmaus auch mit einem Stummelschwanz überleben, jedoch fehlt ihr der lange Schwanz zum Balancieren. Alles in allem ist der Verlust des Schwanzes eine sehr unschöne Angelegenheit. Übrigens kann der Schwanz beim ungeübten oder zu langen Griff auch brechen. Also lieber Hände weg vom Schwanz der Rennmaus.

Auch andere Methoden wie den Nackengriff oder gar das Halten an einem Beinchen sollte man keinesfalls praktizieren. Die Verletzungsgefahr ist sehr groß!

FREILAUF FÜR RENNMÄUSE

Gefahrencheck

- Stromkabel sichern.
- Türen und Fenster schließen.
- alle für Sie unzugänglichen Versteckmöglichkeiten beseitigen.
- bekannte Verstecke anbieten, z. B. das Schlafhäuschen.

Ausreißer einfangen

- Ruhe bewahren. Rennmäuse sind stressempfindlich und eine wilde Jagd zerstört das Vertrauensverhältnis.
- Ausreißer in eine gewohnte Umgebung locken, z. B. das Schlafhäuschen.
- Einen Unterschlupf anbieten, der möglichst auch vertraut riecht. Z. B. eine Papprröhre mit etwas Einstreu aus dem Käfig langsam auf die Rennmaus zuschieben.
- Verhindern, dass das Tier in ein anderes Zimmer gelangt.
- Möbel nur äußerst vorsichtig verschieben.

Ausguckposten

Wenn man eine Rennmaus nun auf der Hand hält, muss man weiterhin vorsichtig sein. Die Tiere können blitzschnell den Arm hinaufrennen und sitzen dann auf der Schulter oder versuchen sich nach unten abzuseilen.

Für Rennmäuse hochinteressant: alles Höhlenartige.

Zahme Rennmäuse, deren Verhalten man schon gut einschätzen kann, dürfen dagegen ruhig auf der Schulter sitzen und die Aussicht genießen.

BESCHÄFTIGUNG

Da Rennmäuse so intelligent, neugierig und lebhaft sind, lassen sie sich recht gut beschäftigen. Langeweile ist sicherlich eines der Hauptprobleme in der Heimtierhaltung. Nimmt die Langeweile überhand, konzentrieren sich die Tiere auf eine Handlung, die sie monoton ständig wiederholen. Bei Rennmäusen ist es oft das unaufhörliche Scharren in einer Käfigecke oder das Beknabbern der Käfigstäbe. Sowohl das Knabbern als auch das Scharren sind natürliche Verhaltensweisen, die man nicht verhindern kann oder sollte. Wenn sie zur wirkungslosen und monotonen Hauptbeschäftigung werden, brauchen die Tiere jedoch unbedingt andere artgerechte Beschäftigungsmöglichkeiten. Einige Anregungen für artgerechte Beschäftigung, die Rennmäusen Spaß macht, finden Sie im Kasten auf S. 46.

FREILAUF

Manche Rennmaushalter empfehlen viel Auslauf für die Tiere, andere sagen, man

sollte die Tiere lieber gar nicht laufen lassen. Die Wahrheit liegt - wie meistens - irgendwo dazwischen.
Rennmäuse rennen gerne. Wenn man die Möglichkeit hat, sollte man den Tieren Freilauf gewähren, was sie sehr genießen werden. Bevor man die Tiere einfach im Wohnzimmer laufen lässt, muss aber einiges beachtet werden.
Nur sehr zahme Tiere sollten Freilauf bekommen. Noch scheue Tiere lassen sich kaum wieder einfangen. Das Einfangen ängstigt solche Tiere natürlich sehr. So wird der Freilauf nicht gerade zum Vergnügen für Mensch und Tier.
Selbst zahme Rennmäuse sollten nicht in einem Zimmer laufen, das viele Versteckmöglichkeiten bietet, die für Sie unzugänglich sind. Was will man tun, wenn die Rennmaus sich unter dem Sofa versteckt und nicht wieder herauskommt? Das Anheben des Sofas könnte für die Rennmaus gefährlich werden. Geeignet sind also nur Zimmer mit einer übersichtlichen Möblierung, z. B. ein Flur oder vielleicht ein Arbeitszimmer.
Da die Rennmäuse einen extrem großen Nagetrieb haben, muss man damit rechnen, dass sie sich am Mobiliar zu schaffen machen. Das ist für den Menschen natürlich nicht so angenehm, kann für die Rennmaus aber zum Verhängnis werden, wenn sie ein Stromkabel erwischt.

Der „Tassenlift" für noch scheue Rennmäuse.

NIE MEHR LANGEWEILE – BESCHÄFTIGUNGSIDEEN FÜR RENNMÄUSE

- **Futtersuche**
  In der Natur verbringen Rennmäuse die meiste Zeit mit der Futtersuche. Das können sie auch im Rennmausheim bei Ihnen zu Hause: Bieten Sie das Futter nicht im Napf an, sondern streuen Sie es im ganzen Käfig aus.
- **Leckereien-Röhre**
  Geben Sie einige Nüsse in eine kurze Pappröhre und stopfen Sie beide Enden mit Heu zu. Nun müssen sich die Rennmäuse nagend und knabbernd bis zu den Leckerbissen vorarbeiten.
- **Harte Arbeit**
  Rennmäuse nagen gerne. Geben Sie Ihren Tieren deshalb besonders hartes Futter, das sie sich richtig erarbeiten müssen. Geeignet sind Knabberstangen, sehr hartes Brot oder frische Zweige, die zudem auch nicht dick machen.
- **Recken und strecken**
  Für viele Rennmäuse sind Mehlwürmer ein absoluter Leckerbissen. Wenn Sie Ihren Tieren ab und zu einige davon geben, dann überlassen Sie sie ihnen nicht „kampflos". Halten Sie die Larven Ihren Rennern über den Kopf, so dass sie sich tüchtig danach recken und strecken müssen.
- **Nestbau**
  Die zweite Hauptbeschäftigung der Rennmäuse ist der Nestbau. Geben Sie Heu, Pappe und Papiertücher in den Käfig. Das alles wird in mühseliger Kleinarbeit zerknabbert und ins Nest geschleppt.
- **Buddelkiste**
  Stellen Sie eine flache Holzkiste, eine alte Käfigunterschale oder ein Katzenklo im Käfig auf – beim Freilauf vielleicht auch außerhalb. Füllen Sie diese mit unterschiedlichen Materialien wie z. B. Holzspänen, Sand, Papierschnipseln oder trockenem Laub. Los geht der Buddelspaß. Als kleine Überraschung können Sie auch die eine oder andere kleine Leckerei – ein Scheibchen Karotte, ein kleines Stückchen Apfel – darin verstecken.
- **Sandbad**
  Auch die tägliche Fellpflege bringt Abwechslung und Spaß und tut Körper und Seele gut!
- **Entdeckungsreise**
  Setzen Sie die Mäuse vorübergehend in die Transportbox. Dann gestalten Sie den Käfig etwas um, z. B. mit einigen neuen Pappröhren, einem großen Holzstück oder einigen Steinen. Zurück im „neuen" Heim beginnt die große Entdeckungstour.
- **Freilauf**
  Rennmäuse wollen rennen. Wenn Ihre Tiere zahm sind und Sie ein geeignetes Zimmer dafür haben, dann gönnen Sie ihnen dieses Ganzkörpertraining.

Zahme Rennmäuse genießen den Auslauf in einem geeigneten Zimmer sehr. Wenn das Verhältnis zum Menschen sehr eng ist, werden die Tiere auch beim Freilauf immer wieder Kontakt suchen. In so einem Fall kann man die Tiere einfach und stressfrei wieder mit der Hand aufnehmen und problemlos zurück in den Käfig setzen.

AUSREISSER

Was aber tun, wenn sich eine Rennmaus beim Freilauf nicht wieder aufnehmen lassen will? Vor dem gleichen Problem steht man auch, wenn eines oder gar mehrere Tierchen ungeplant aus dem Käfig entwischen. Oberstes Gebot: Ruhe bewahren. Hektisches Jagen bringt nichts, Rennmäuse sind schneller. Am besten versucht man in einem solchen Fall, die Tiere in eine gewohnte Umgebung zu locken, z. B. mit Hilfe des Schlafhäuschens. Da die Tiere geruchsorientiert sind, kann man auch ein Gefäß nehmen, in das man Einstreu aus dem Käfig gibt. Hiermit lassen sich die Tiere am ehesten wieder einfangen (vgl. S. 44).

In der Natur graben sich Rennmäuse lange unterirdische Gänge.

entscheiden, ob ein Kind genügend Umsicht und Verständnis für die Haltung eines solchen Haustieres hat. Schon kleine Kinder können mit in die Tierhaltung eingebunden werden, z.B. bei der Gestaltung des Käfigs und der Fütterung der Tiere. Der direkte Umgang erfordert aber etwas Geschick. Ganz wichtig ist auch die Einsicht in die Bedürfnisse der Tiere. Rennmäuse sind kein Spielzeug, das immer verfügbar ist. Sie brauchen ihre Ruhezeiten. Erwecken Sie den Forscherdrang und bringen Sie Ihren Kindern auch den Reiz des bloßen Beobachtens nahe.

Oftmals sind Mensch und Rennmaus gleichermaßen glücklich darüber, wenn der Ausreißer wieder sicher in seinem Käfig ist, denn fremdes Territorium kann die Tiere sehr verunsichern und ängstigen.

KINDER UND RENNMÄUSE

Rennmäuse sind auf Grund ihres zutraulichen Wesens tolle Haustiere, die sich auch für Kinder sehr gut eignen. Eine bestimmte Altersgrenze kann nicht genannt werden, da Kinder einfach zu unterschiedlich sind. Eltern müssen ganz individuell

Im Käfig sind Röhren aus Pappe und Holz der Ersatz.

BIOLOGISCHES

Größe und Gewicht

Die Mongolische Rennmaus hat eine Körpertemperatur von 37,4 bis 39 °C. Erwachsene Tiere haben bei einer Größe von 8 bis 13 cm (ohne Schwanz) ein Gewicht von 50 bis 130 g. Tiere, die den oberen Wert erreichen, sind allerdings schon als übergewichtig zu bezeichnen. Eine Reduzierung oder Umstellung des Futterangebotes (weniger Nüsse und Sonnenblumenkerne) und viel Bewegung sind hier angebracht. Übergewicht verringert die Lebenserwartung!
Männchen sind allerdings etwas schwerer als Weibchen. Das sollte bei einer Gewichtskontrolle bedacht werden.

Lebenserwartung

Die normale Lebenserwartung liegt bei etwa zwei bis drei Jahren. Es gibt auch Tiere, die fünf und sogar sieben Jahre alt geworden sind. Dies sind jedoch Ausnahmen, an denen man sich nicht orientieren darf. Vielleicht ist die Lebenserwartung der Rennmäuse im Laufe der Jahre, in denen sie als Labortiere gezüchtet wurden, gesunken. Bei echten Wildtieren soll sie etwas höher liegen.
Die Lebenserwartung der Rennmäuse erscheint uns vielleicht ziemlich kurz. Man sollte aber immer bedenken, dass sie für Rennmäuse völlig normal ist. Sie

TIPP: Zur Gewichtskontrolle wiegen Sie die Transportbox einmal mit und einmal ohne Rennmaus darin. Die Differenz ergibt dann das Gewicht des Tieres.

Rennmausbegegnung: Was wie ein Kuss aussieht dient der Geruchskontrolle.

können in diesen wenigen Jahren ein ganzes Leben unterbringen: die Jugend, das Erwachsenwerden und die Aufzucht von Jungen. In Wirklichkeit leben die Rennmäuse nicht nur kürzer, sondern vor allem viel schneller als wir. Eindrucksvolle Indizien sind die schnelle Atemfrequenz von 70 bis 120 Atemzügen pro Minute und der rasante Herzschlag von bis zu 600 Schlägen in der Minute. Während unseres normalen Tagesablaufes von 24 Stunden hat eine Rennmaus praktisch schon sechs bis acht Tage hinter sich, da sie etwa im Zwei-Stunden-Takt schläft und aktiv ist.

VERHALTEN

Das Beobachten der Rennmäuse macht viel Freude. Man kann immer wieder Neues beobachten und individuelle Unterschiede feststellen. Zwar gibt es ganz typische Verhaltensweisen, die praktisch jede Rennmaus zeigt, aber jedes einzelne Tier ist ein Individuum. Das äußert sich auch im Verhalten und nicht etwa nur in der Farbe oder Größe.

Das Verhalten der Rennmäuse ist vor allem durch ihr Zusammenleben in der Gruppe geprägt. Der Umgang miteinander variiert von liebevoll bis ruppig. Freundliche Verhaltensweisen sind z. B. das gegenseitige Putzen oder auch das Beschnuppern Nase an Nase, wenn zwei Tiere sich begegnen. So wird geprüft, ob es sich bei dem Gegenüber um ein Familienmitglied handelt.

Ein Alarmsignal unter den Tieren ist das Trommeln mit den Hinterfüßen. Der Kommunikation

dient auch das Fiepen der Tiere. Viele dieser hochfrequenten Geräusche sind für das menschliche Ohr jedoch nicht hörbar.
Auseinandersetzungen werden aufrecht stehend, sozusagen mit den Fäusten ausgetragen. Die Tierchen trommeln aufeinander ein, bis sich eines abwendet. Beißereien gibt es eigentlich nur mit fremden Tieren, sind dann aber erbittert und lebensgefährlich.

Männchenmachen

Eine der auffälligsten Verhaltensweisen ist bestimmt das Männchenmachen der Rennmäuse. Oft richten sich die Tierchen alle paar Schritte auf und sehen sich um. Dies ist in der Natur eine sehr nützliche Verhaltensweise, denn dort sind Rennmäuse die typische Beute verschiedener Raubtiere. So sichern sie sich also gegen Feinde ab.

Reviermarkierung

Ihr Revier markieren die Rennmäuse über Gerüche mittels Kot, Urin und vor allem Drüsensekret. Die Tiere haben am Bauch eine deutlich sichtbare Drüse. Bei den Männchen ist sie etwas größer als bei den Weibchen. Durch Reiben des Bauches auf dem Untergrund wird das Sekret im Revier verteilt. Männchen sind hierbei etwas eifriger als die Weibchen.

FREMDE RENNMÄUSE

Am besten sollte der zukünftige Rennmausbesitzer von Anfang an Tiere aus der gleichen Sippe, vielleicht sogar Wurfgeschwister, wählen (siehe S. 30). Will man züchten, so ist es aber von Vorteil, ein Pärchen zu nehmen, das nicht so nah miteinander verwandt ist, um Inzuchtdefekte bei den Jungen zu vermeiden. Allerdings sind Rennmäuse, wie viele Kleinnager, nicht sehr empfindlich in dieser Hinsicht. Inzuchtdefekte treten äußerst selten auf. Man braucht sich also eigentlich keine großen Sorgen zu machen, wenn es versehentlich doch einmal zur Verpaarung von Geschwistern kommt.
Fremde Jungtiere werden sofort zusammengesetzt, nachdem sie entwöhnt wurden, auf jeden Fall noch vor der Geschlechtsreife. Bei älteren Tieren ist es viel schwieriger und oftmals sogar unmöglich, sie aneinander zu gewöhnen.
Hat man nur zwei Rennmäuse, von denen eine schon früh stirbt, so kann man versuchen, einen neuen Partner für das verbliebene Tier zu finden, um ihm ein einsames Leben zu ersparen. Aber Vorsicht, derartige Versuche können misslingen und dann mit dem Tod einer der Rennmäuse enden.
Keinesfalls darf man die Rennmäuse einfach zusammensetzen. Es würde sofort eine wilde Beißerei beginnen. In der Wildbahn flieht

„Ein Neuer im Revier?"

Fremde Rennmäuse aneinander zu gewöhnen, ist sehr schwierig und erfordert Geduld und Fingerspitzengefühl. Vielleicht fällt es bei einem gemeinsamen Snack leichter?

der unterlegene Kontrahent einfach. Im Käfig ist das jedoch nicht möglich, und so endet ein solcher Kampf meistens mit dem Tod eines der Tiere.

Auf neutralem Boden

Wichtigste Voraussetzung ist, dass sich zwei fremde Tiere auf neutralem Boden kennen lernen können. Keinesfalls darf man ein Tier einfach in den Käfig eines anderen setzen, da dieser als Territorium angesehen wird, das verteidigt werden muss. Will man zwei fremde Tiere zusammensetzen, so richtet man also zunächst einen neuen Käfig her. Ein schon gebrauchter Käfig wird sehr gründlich gereinigt, notfalls

„Ob die Annäherung wohl klappt?"

Niedlich, aber nicht empfehlenswert! Rennmäuse sollten keinen direkten Kontakt zu anderen Haustieren haben. Schon allein der Größenunterschied kann gefährlich sein.

und ausnahmsweise auch mit duftenden Reinigungsmitteln, die den Eigengeruch der Tiere überdecken. Alte Einrichtungsgegenstände aus Holz oder poröser Keramik können erst mal nicht verwendet werden, da an ihnen der Geruch zu hartnäckig haftet.
In so einen gründlich gereinigten und neu eingerichteten Käfig kann man zwei fremde Rennmäuse setzen. Es sollten ruhig etwas mehr Versteckmöglichkeiten vorhanden sein als üblicherweise. Aber bieten Sie den Tieren keinen Unterschlupf an, in den sie sich zum Kämpfen zurückziehen können, der für Sie aber unzugänglich ist. Man muss immer die Möglichkeit haben, die Tiere zu trennen.

Der Nase nach

Da die Rennmäuse Mitglieder ihrer Familie am Geruch erkennen, kann man auch versuchen, sie aus dieser Richtung zu überlisten. Der Trick dabei ist, den Geruch beider Rennmäuse mit einem anderen Duft zu überdecken. So können sie zwischen Freund und Feind nicht mehr unterscheiden. Es wurden schon derartige Versuche mit Parfüms, Essig und Anisöl gemacht, mit denen man die Tiere einreibt. Manche Rennmaushalter empfehlen auch, derart behandelte Tiere auf extrem engem Raum zu halten, damit sie nicht flüchten und sich jagen können.
Bei allen Versuchen, fremde Rennmäuse aneinander zu gewöhnen, hat es Erfolge

und Misserfolge gegeben. Leider gibt es bei keiner Methode eine Erfolgsgarantie. Seien Sie also darauf gefasst, dass die Vergesellschaftung unter Umständen nicht klappt, und halten Sie einen zweiten Käfig bereit. Auf jeden Fall müssen zwei Rennmäuse, die sich gerade erst kennen lernen, über mehrere Stunden hinweg genau beobachtet werden. Anfängliche Gleichgültigkeit kann plötzlich doch noch in eine wilde Beißerei umschlagen. Man kann sich also nur wünschen, dass man nie in die Verlegenheit kommt, zwei fremde Rennmäuse aneinander gewöhnen zu müssen.
Wer nicht züchtet, wird aber früher oder später ein Einzeltier übrig haben. Entscheidet man sich gegen eine Vergesellschaftung mit einem neuen Tier oder erweist sie sich als unmöglich, so wird ein Tier zwangsläufig allein bleiben müssen.

SINGLES

Die Rennmaus ist nicht dafür geschaffen, ein Leben als Einzelgänger zu führen. Hat man aus irgendeinem Grund dennoch ein einzelnes Tier, so braucht es besondere Zuwendung. Zwar kann der Mensch einen Artgenossen niemals wirklich ersetzen, aber man sollte versuchen, die Haltung eines Einzeltieres so abwechslungsreich wie möglich zu gestalten. Ein Einzeltier wird meist besonders anhänglich werden. Ein täglicher sehr intensiver Kontakt mit dem Tier ist daher unumgänglich, wenn es nicht verkümmern soll. Aber auch wenn der Mensch mal keine Zeit hat, will die Rennmaus beschäftigt sein. Dafür einige Vorschläge auf S. 46.

RENNMÄUSE UND ANDERE HEIMTIERE

Rennmäuse sollten mit anderen Haustieren keinen direkten Kontakt haben. Für kleinere Nager können Rennmäuse durchaus eine Gefahr sein, da ihr ausgeprägter Revierinstinkt sie dazu bringt, die vermeintlichen Rivalen erbittert zu bekämpfen. Größere Haustiere, wie z. B. Hund, Katze und Papagei, können dagegen aus Spieltrieb oder Jagdinstinkt den Rennmäusen zum Verhängnis werden. Es ist daher dringend zu empfehlen, das Rennmausheim besonders gut abzusichern, wenn diese Tiere im gleichen Zimmer gehalten werden oder Zugang zu diesem haben.

Mit den Vorderpfoten können Rennmäuse wie mit kleinen Händen ihr Futter festhalten.

Klein und hilflos: wildfarbenes Rennmausjunges, 14 Tage alt.

Erst einmal sacht beschnuppern...

Zucht und Farbvarianten

Nachwuchs bei den Rennmäusen

Max und Moritz waren ganz sicher zwei Männchen – plötzlich bevölkert eine ganze Familie den Käfig? Oder möchten Sie ganz gezielt züchten? Das sollten Sie wissen…

VORAUSSETZUNGEN FÜR DIE ZUCHT

Die Voraussetzungen für die Zucht von Rennmäusen sind eigentlich ganz einfach. Im Grunde braucht man nur zwei gesunde Elterntiere und ein artgerechtes Rennmausheim. Um Inzuchtdefekte zu vermeiden, werden Elterntiere gewählt, die nicht zu nahe miteinander verwandt sind. Diese muss man aber möglichst jung zusammensetzen, also bevor sie geschlechtsreif sind (siehe S. 50). Die Geschlechtsreife tritt ungefähr im Alter von sechs bis zwölf Wochen ein.

VON DER PAARUNG BIS ZUR GEBURT

Die lebhaften Rennmäuse verhalten sich auch bei der Paarung eher stürmisch als zärtlich. Das verliebte Männchen jagt das Weibchen regelrecht umher und überprüft durch Beriechen immer wieder die Paarungsbereitschaft. Wenn das Weibchen bereit ist, stoppt es die wilde Jagd plötzlich und die eigentliche Paarung wird vollzogen. Dies wiederholt sich mehrmals.
War die Paarung erfolgreich, werden

…ob sie sich wohl riechen können?

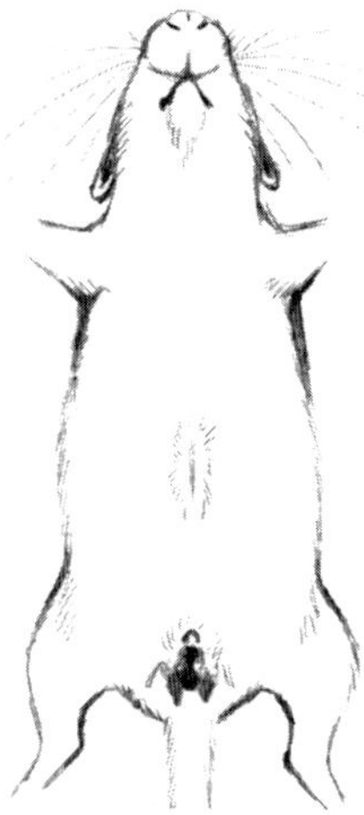

Weibchen: Genitalöffnung und After dicht beieinander.

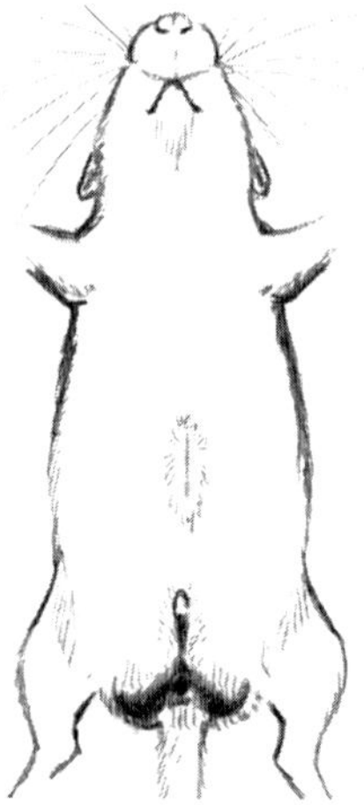

Männchen: Genitalöffnung und After mit Abstand.

nach 24 bis 30 Tagen bis zu zwölf Junge geboren. Im Schnitt sind es jedoch nur vier bis fünf Jungtiere. Sofort nach der Geburt ist das Weibchen wieder empfängnisbereit. Hilfe bei der Geburt braucht die Rennmausmutter nicht. Sie weiß instinktiv, was zu tun ist, und durchtrennt die Nabelschnur, leckt die Jungen trocken und frisst die Nachgeburt. Während der Geburt und der Jungenaufzucht kann und sollte der Vater und, falls vorhanden, auch der Rest der Sippe im Käfig belassen werden. Es ist wichtig, dass alle anderen Rennmäuse so bald wie möglich Kontakt mit den Kleinen aufnehmen, um sie als Familienmitglieder anzuerkennen.

AUFZUCHT

Im Prinzip zieht natürlich das Muttertier die Jungen auf. Der Mensch braucht nur für optimale Bedingungen zu sorgen. Auch der Vater beteiligt sich an der Betreuung der Jungtiere, z. B. indem er sich wärmend auf sie legt oder Ausreißer ins Nest zurückträgt.
Es soll an dieser Stelle nicht verschwiegen werden, dass es bei vielen Nagern vorkommen kann, dass das Muttertier die Jungen tötet. Hiervon ausgenommen sind die ausgesprochenen Nestflüchter, wie z. B. Meerschweinchen, die schon voll entwickelt auf die Welt kommen.
Die Ursachen für dieses Verhalten lassen sich nicht immer ermitteln. Manchmal ist es der erste Wurf, den ein noch junges Weibchen hat. Es können aber auch Stress oder falsche Ernährung der Grund sein. Obwohl derartige Vorfälle selten sind, sollte man der jungen Rennmausfamilie also besser etwas Ruhe gönnen. Eine ausgewogene Ernährung ist gerade in dieser Zeit sehr wichtig, sollte aber eigentlich immer selbstverständlich sein. Manche Muttertiere nehmen in dieser Zeit gerne etwas zusätzliches tierisches Protein an.

Heranwachsen

Die kleinen Rennmäuse haben ein Geburtsgewicht von ca. 3 g. Im Alter von fünf Tagen kann man die ersten Härchen an den bis dahin nackten Tieren entdecken. Mit 14 Tagen öffnen sie die Augen. Jetzt krabbeln sie auch schon mal aus dem Nest, werden von der Mutter aber geduldig immer wieder zurückgetragen. Gesäugt werden die Jungen etwa 21 Tage lang. Danach könnten dann bald schon wieder die nächsten Jungen geboren werden.
Eine solche Massenproduktion von Rennmäusen ist aber nicht empfehlenswert, da sich schwerlich genug zuverlässige Abnehmer für so viele Tiere finden lassen. Überzählige Tiere - auch von vielen Hobbyzüchtern -

Mutter mit neugeborenen Jungen. Rennmausweibchen sind sehr fürsorgliche Mütter.

enden leider häufig als Schlangenfutter.

Geburtenkontrolle

Rennmäuse haben von Natur aus übrigens eine eingebaute Geburtenkontrolle. Ist das Revier voll besetzt, so stellen sie die Vermehrung ein. Es kann allerdings trotzdem zur Überbevölkerung kommen, da diese „Berechnungen" Jungtiere nicht berücksichtigen. Außerdem gibt es keine Garantie für ein Funktionieren dieser biologischen Geburtenkontrolle. Bei einigen Zuchtstämmen scheint dieser Kontrollmechanismus sogar überhaupt nicht mehr zu funktionieren. Wer kein Risiko eingehen will, sollte sich darauf lieber nicht verlassen und die Tiere rechtzeitig nach Geschlechtern trennen.

GESCHLECHTS-BESTIMMUNG

Ein erfahrener Züchter oder Zoohändler wird auch bei jungen Rennmäusen zuverlässig das Geschlecht bestimmen können. Das wichtigste Unterscheidungsmerkmal ist der Abstand zwischen Genitalöffnung und After (vgl. S. 56). Bei männlichen Tieren ist dieser Abstand wesentlich größer als bei Weibchen. Erwachsene Männchen haben deutlich sichtbare Hoden am Schwanzansatz. Zudem haben männliche Rennmäuse keine Zitzen, was jedoch im dichten Fell nur schwer zu erkennen ist. Außerdem ist ihre Bauchdrüse etwas größer als die der Weibchen.

Wie der Mensch sie schuf: schwarz-weiße Schecke.

FARBVARIANTEN

Die natürliche Farbe der Rennmäuse ist Wildagouti, also ein melierter goldbraun-grauer Farbton, wobei das einzelne Haar von der Wurzel bis zur Spitze unterschiedliche Farben hat. Die Bauchseite ist heller und das Schwanzende hat einen etwas verdickten Fellquast aus dunklem Haar. Inzwischen gibt es eine Vielzahl von Farbschlägen und auch Schecken.
Einige Farbvarianten können hier vorgestellt werden. Allerdings gelingt es den Züchtern immer wieder, neue Farbvarianten zu züchten und feinere Abstufungen zu definieren. Darum kann man kaum auf dem Laufenden bleiben.

Wie die Natur sie schuf: wildfarbene Rennmäuse.

Agouti

So werden Farben bezeichnet, bei denen jedes einzelne Haar mehrfarbig ist. Eine dieser Farben ist die natürliche Wildfarbe der Mongolischen Rennmaus. Es gibt aber auch Silberagouti mit Grautönen, den Algierfuchs mit rötlich-gelben Tönen und andere. Alle Agoutitiere haben eine helle Unterseite.

Einfarbige
Tiere mit einfarbigen Einzelhaaren gibt es in einigen Farbschlägen, wobei Schwarz wohl der älteste ist. Daneben gibt es aber praktisch alle Abstufungen zwischen Weiß und Schwarz, für die unter Züchtern zum Teil unterschiedliche Namen gebräuchlich sind.

Schecken
Bei Schecken handelt es sich nicht um eine Farbe, sondern um eine Zeichnung. Schecken können in praktisch allen Farbschlägen gezüchtet werden. Bei der Zucht von Schecken ist zu beachten, dass man keine Schecken miteinander verpaaren sollte. Dieses Merkmal ist dominant, aber mit einem sogenannten Letalfaktor behaftet.

Zu jedem Merkmal des Tieres liegen auf den Genen zwei Informationen vor. Sind diese Informationen gleich, spricht man von reinerbigen Tieren. Sind sie unterschiedlich, so setzt sich die dominante Information durch, es handelt sich um ein mischerbiges Tier. Schecken sind immer mischerbige Tiere. Kreuzt man zwei mischerbige Schecken miteinander, so sind ein Viertel der Jungen reinerbig und sterben aufgrund des Letalfaktors noch im Mutterleib. Reinerbige Schecken sind also nicht lebensfähig. Den Schecken und übrigens auch den rotäugigen Tieren sagt man nach, kurzlebiger und empfindlicher zu sein. Dies muss im Einzelfall aber nicht unbedingt zutreffen. Auch rotäugige und gescheckte Tiere können ein hohes Alter erreichen.

Gleiche Ansprüche
Grundsätzlich unterscheiden sich Tiere mit verschiedenen Zeichnungen und Farben aber natürlich nicht in ihren Ansprüchen, was Haltung und Ernährung betrifft. Dem durchschnittlichen Rennmaushalter mag die Farbe seiner Tiere daher relativ egal sein. Aufgrund der Farbenvielfalt bieten Rennmäuse aber auch dem ambitionierten Züchter und Hobbygenetiker ein weites Betätigungsfeld. Da die Genetik der Farbe und Zeichnung recht komplex ist, kann an dieser Stelle nicht in angemessenem Umfang darauf eingegangen werden. Wenn Sie darüber mehr wissen möchten, steht für diese Informationen und Daten jedoch jede Menge Literatur in Form von Büchern und Internetseiten zur Verfügung.

Black and White – schwarze Rennmaus und Albino.

ADRESSEN

Verein für Nagetiere und Kleinsäuger
Geschäftsstelle
Herr Warmbier
Gladbecker Str. 286
46240 Bottrop
www.nagetier-vnk.de

Kleintierzüchterverband für die Republik Österreich
Karl-Lueger-Ring 14
A-1010 Wien

Rennmäuse im Internet

http://www.rennmaeuse.de

http://www.nagetier.de

http://www.gerbils.co.uk

http://www.igf.org.uk

http://www.geocities.com/SiliconValley/Peaks/8478/index.html

http://www.freenet.de/annebuyken/

www.ig-rennmaeuse.de

ZUM WEITERLESEN

Gabrisch, K. und **P. Zwart:** Krankheiten der Heimtiere. Hannover 2001.

Grzimek, B. (Hrsg.): Grzimeks Tierleben, Band 12. München 2000.

Langos, A.: Pfiffige Ratten. Stuttgart 2002.

Otterstedt, C.: Tiere als therapeutische Begleiter. Stuttgart 2001.

Rauth-Widmann, B.: Meine Ratten. Stuttgart 2000.

Schmidt, H.: Rennmäuse und andere tropische Nager. Hannover 1996.

Solisti, K. und **M. Tobias (Hrsg.):** Ich spürte die Seele der Tiere. Stuttgart 2003.

Sonnenschmidt, R.: Heilende Hände für Tiere. Stuttgart, 1999.

Steinkamp, A.: Flinke Mäuse. Stuttgart 2001.

ZEITSCHRIFTEN

Hamster & Co. Branchen Fachverlag Ulrich, Alheim.

Ein Herz für Tiere.
Gong-Verlag, Nürnberg.

REGISTER

Abdeckung 15
Agouti 58
Albinos 59
Äpfel 34
Arten 8
Äste 25
Aufzucht 56
Aquarium 14
Ausreißer 46

Bauchdrüse 50
Bedürfnisse 42
Beschäftigung 44
Beschäftigungsfutter 34
Biologie 4, 48
Birnen 34

Einfangen 44
Eingewöhnung 30
Einstreu 18
Einzeltiere 29
Entwicklung 56

Farbvarianten 58
Fellpflege 37
Fettschwanzrennmaus 9
Freilauf 44
Fremde Rennmäuse 50
Futternapf 22
Futterumstellung 28
Fütterung 32

Gebissprobleme 41
Geburt 55
Geburtenkontrolle 57
Gefahren 44
Gemüse 33
Gerbil 9
Geruchsinn 52
Geschichtliches 7
Geschlechtsbestimmung 56, 58
Gesundheitscheck 28
Gesundheitsvorsorge 36
Gewicht 48
Gewöhnung an der Hand 43

Gitterabstand 13
Gitterkäfig 12
Größe 48
Große Ägyptische Rennmaus 9
Grundfläche 12
Grünfutter 33
Gruppe 49

Heimreise 29
Heimtiere, andere 53
Herkunft 6
Heu 22
Hirse 34
Hochheben 42
Höhe 12
Holz 24
Hygiene 38

Infektionskrankheiten 39
Insektenlarven 35

Jungtiere 56

Käfig 12
Käfigeinrichtung 24
Käfiggestaltung 26
Käfigstandort 17
Käfigverbundsystem 17
Kämpfe 50
Kauf 28
Kinder 26, 47
Kleine Ägyptische Rennmaus 9
Kleintierstreu 20
Knabberfutter 34
Kohl 34
Kolbenhirse 35
Kolonie 6
Körnerfutter 32
Körpertemperatur 48
Krallen 37
Krankheiten 38

Laufrad 26
Lebenserwartung 48
Lebensrhythmus 7
Leckereien 34
Libysche Rennmaus 8

Mais 34
Männchenmachen 50
Material für den Käfigbau 16
Mineralien 35
Möblierung 24
Möhren 34
Mongolei 6
Mongolische Rennmaus 6

Nagen 13, 34
Näpfe 22
Nistmaterial 22

Obst 33

Paarung 55
Papier 22
Pappröhren 25
Paprika 34
Parasiten 40
Persische Wüstenmaus 8
Pflege 36
Protein 35

Rennmausheim 12
Reviermarkierung 50
Röhren 25

Saftfutter 33
Sägemehl 21
Sand 20
Sandbad 26, 36
Schecken 59
Schlafhäuschen 24
Schwanz 43
Sicherheit 44
Sonnenblumenkerne 34
Steine 24
Stress 41
Systematik 4

Temperatur 18
Terrarien 14
Tierarzt 38, 41
Tragen 42
Tränke 22
Transportbox 10, 29
Trinkflasche 23
Trockenfutter 32
Tunnelsystem 7, 17

Urlaub 38

Verhalten 42
Verhalten 49
Verletzungen 40
Verwandte 8
Vitamine 35

Wasser 23, 34
Wassernapf 22
Wildfarben 58

Zähmen 31
Zähne 37
Zucht 55
Zusammenleben in Gruppen 6, 49
Zweige 25

Dank
Die Autorin bedankt sich bei Frau Dr. med. vet. N. Rabehl und Frau Dipl.-Biol. R. Bronnenhuber für kreative Gedanken beim Korrekturlesen.
Autorin und Verlag danken den Firmen Vitakraft und Kölle Zoo, Stuttgart, für die großzügige Unterstützung der Fotoproduktion mit „Fotomodellen“ und Requisiten.

62

Informationen senden wir Ihnen gerne zu

Bücher · Kalender · Spiele
Experimentierkästen · CDs · Videos

Natur · Garten & Zimmerpflanzen · Heimtiere · Pferde & Reiten · Astronomie · Angeln & Jagd · Eisenbahn & Nutzfahrzeuge · Kinder & Jugend

KOSMOS

Postfach 10 60 11
D-70049 Stuttgart
TELEFON +49 (0)711-2191-0
FAX +49 (0)711-2191-422
WEB www.kosmos.de
E-MAIL info@kosmos.de

BILDNACHWEIS

Bildagentur IPO, Ingebog Polaschek (2: S. 13, 52); Michael Mettler (5: S. 8, 9 beide, 58 beide); Reinhard Tierfoto (6: 5u, 6, 10/11u, 28, 57, 59); Karlheinz Widmann (5: S. 1m, 4, 19o, 36, 54); Sven Wolter (4: 10o, 14, 30, 37)

Alle übrigen 56 Bilder von Christof Salata / Kosmos.

Zeichnungen von Milada Krautman (Klappe innen), Gisela Dürr (S. 33-35) und Marianne Golte-Bechtle (S. 56)

IMPRESSUM

Umschlaggestaltung von eStudio Calamar, unter Verwendung von 4 Farbaufnahmen von Christof Salata/Kosmos.

Mit 78 Farbfotos, 2 Farbzeichnungen und 2 s/w-Zeichnungen.

Bibliografische Information Der Deutschen Bibliothek
Die Deutsche Bibliothek verzeichnet diese Publikation in der Deutschen Nationalbibliografie; detaillierte bibliografische Daten sind im Internet über http://dnb.ddb.de abrufbar.

2. Auflage 2003

ISBN 3-440-09784-6
Redaktion: Claudia Sträb
Grundlayout: Atelier Reichert, Stuttgart
Gestaltung: Gisela Dürr, München
Printed in Germany/ Imprimé en Allemagne

Extra

SCHÖNER WOHNEN – GESTALTUNGSIDEEN FÜR DAS RENNMAUSHEIM

TUNNELSYSTEM

▸ **Das brauchen Sie:** Verschiedene Röhren aus Holz, Keramik oder Pappe.

▸ **So geht's:** Die Röhren werden so zusammengesteckt, dass ein besonders langer Tunnel entsteht. Bei Papprören können Sie auch an den Seiten ein Loch hineinschneiden und bekommen so sogar Verzweigungen. Dieses Tunnelsystem legt man in das Rennmausheim. Die Rennmäuse werden begeistert sein.

RENNMAUSGARTEN

▸ **Das brauchen Sie:** Ein rennmaussicheres Gefäß, also z.B. ein flaches Holzkästchen, eine Keramikschale oder ähnliches. Für Nager geeignete Samenmischungen. Etwas ungedüngte Blumenerde.

▸ **So geht's:** Füllen Sie die Schale mit Blumenerde, feuchten Sie sie an und säen Sie die Samen aus. Nun brauchen Sie etwas Geduld, bis die Samen gekeimt und die Gräser etwa fingerlang geworden sind. Dann stellen Sie den "Rennmausgarten" in den Käfig. Achten Sie darauf, dass dann die Erde nicht mehr sehr feucht ist.

▸ **Die einfache Variante:** Wenn Sie nicht warten wollen, bis die Pflanzen gekeimt und gewachsen sind, stechen Sie ein Stückchen Rasen im Garten aus und legen es in die Schale. Oder Sie besorgen im Zoofachhandel ein Töpfchen Katzengras. Da diese Töpfchen meist aus Kunststoff bestehen, empfiehlt es sich, das Gras für die Rennmäuse in ein nagesicheres Behältnis umzusetzen.

HEU-SPEICHER

▸ **Das brauchen Sie:** Heu. Schlafhäuschen, Holzkistchen, Pappkarton, verschiedene Röhren.

▸ **So geht's:** Heu verwenden die Rennmäuse vor allem zum Nestbau. Normalerweise legt man das Heu einfach in den Käfig. Abwechslungsreicher ist es, wenn die Tiere sich das Heu erarbeiten müssen. Stopfen Sie also das Heu - so fest wie möglich - in einen "Heuspeicher". Aus diesem müssen die Rennmäuse dann jeden Halm einzeln herauszerren.

KLETTERBAUM

▸ **Das brauchen Sie:** Einen Ast, am besten von einem Obstbaum, mit vielen Seitenzweigen. Blumentopf. Sand oder feinen Kies. Kolbenhirse oder andere Leckereien.

▸ **So geht's:** Rennmäuse sind zwar eher mittelmäßige Kletterer, aber manche Tiere kraxeln dennoch sehr gerne. Einige Äste und Zweige sollten immer im Käfig vorhanden sein, doch ein Kletterbaum bringt Abwechslung. Füllen sie den Blumentopf mit Sand oder Kies und stecken Sie den Ast fest und kippsicher hinein. Tiefhängende, schräge Zweige erleichtern das Erklettern. Bestücken Sie die Zweige mit etwas Kolbenhirse oder anderen Leckereien, das spornt an. Wenn Sie den Ast im Frühjahr geschnitten haben, können die Rennmäuse außerdem frische Rinde und junge Blattknospen knabbern.

STROHHÜTTE

▸ **Das brauchen Sie:** Grobes Sroh. Baumwollfaden.

▸ **So geht's:** Fassen Sie das Stroh zu einem kleinen Bündel zusammen. Am oberen Ende wird es mit einem Stück Baumwollfaden zusammengeschnürt. Am unteren Ende schneiden Sie die Halme mit einer Schere auf eine Länge. Von unten biegt man die Halme dann etwas auseinander, so dass eine Strohhütte entsteht, die wie ein kleines Zelt aussieht.

Extra

TIERPASS FÜR MEINE RENNMÄUSE

Name: ______________________ Name: ______________________

Fellvariante: ______________________ Fellvariante: ______________________

Farbe: ______________________ Farbe: ______________________

geboren am: ______________________ geboren am: ______________________

Name: ______________________ Name: ______________________

Fellvariante: ______________________ Fellvariante: ______________________

Farbe: ______________________ Farbe: ______________________

geboren am: ______________________ geboren am: ______________________

Zoofachhandel: ____

____

Tierarzt: ____

____

Erkrankungen: ____

____

Sonstiges: ____

____